FIFA

Mundial
USA94

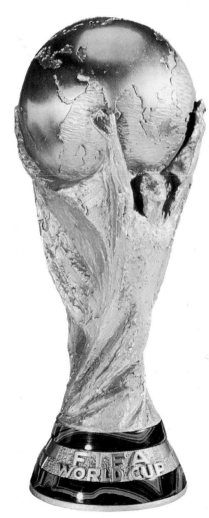

FIFA

Mundial
USA94

El libro oficial

Peter Arnold

Traducción de A.M. Garrido

grijalbo

CollinsPublishersSanFrancisco
A Division of HarperCollinsPublishers

WorldCup USA94

El autor
Peter Arnold fue por mucho tiempo corresponsal deportivo de una editorial internacional. En 1983 decidió hacerse independiente y dedicarse a escribir sus propios libros. Sus publicaciones incluyen no sólo temas de futbol, sino también el boxeo y los Juegos Olímpicos, entre otros. Ha trabajado además como consultor para dos editoriales de revistas deportivas.

El traductor
A. M. Garrido jugó al futbol hasta bien entrado en sus 30 años, cuando una lesión lo obligó a retirarse del futbol amateur de liga y dedicarse al futbol de sala y a correr maratones. Continúa siendo un fanático del balompié y sigue con gran interés la actuación de sus equipos favoritos en las ligas europeas así como sudamericanas, gracias a las transmisiones vía satélite. Como lingüista y traductor se ha especializado en áreas comerciales, técnicas y, recientemente, deportivas. Ha tenido la fortuna de poder asistir a los Mundiales de 1982 y 1990, y espera ser uno de los miles de fanáticos que asistirán al mayor acontecimiento deportivo del año en EE.UU.

Diseño: Ad Vantage Limited
Director gráfico: Russell Porter
Director del proyecto: Martin Corteel

Las fotos en las dos páginas anteriores muestran las banderas de Argentina, Holanda, México, Brasil, Nigeria y EE.UU.

 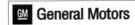 

Índice

El espectáculo más

> *" ¡EE.UU. saluda al mundo... El Mundial une al mundo! "*

Este es el tema de la ceremonia inaugural que precederá al primer partido, en Chicago el 17 de junio de 1994. Más de 3.000 personas se encargarán de iniciar el espectáculo que deleitará al mundo durante 31 días.

Será un evento de gran magnitud. Se acuñarán monedas conmemorativas y se espera la introducción de un sello postal para celebrar el certamen. Se calcula que el Mundial se televisará en unos 180 países, que el número acumulado de personas que verán el torneo (52 juegos en total) será del orden de 31 mil millones y que alrededor de unos 2 mil millones seguirán la final por televisión.

Esto es lo que normalmente se espera del espectáculo deportivo más popular del mundo, pero el Mundial de 1994 es especial porque se llevará a cabo en los Estados Unidos, un país sin mucha tradición futbolística.

El Dr. João Havelange, el presidente de la FIFA – La Federación Internacional del Futbol – manifestó que "La FIFA está muy complacida de que el Mundial se lleve a cabo en EE.UU. por primera vez. Siempre hemos tenido experiencias muy positivas en este país, incluyendo los Juegos Olímpicos de 1984. Estamos seguros de que los organizadores van a ofrecernos un Mundial digno de recordar. También estamos muy contentos de que por primera vez el comité local de la FIFA y los socios comerciales de la Federación estén colaborando muy activamente para asegurar el éxito del certamen. Esta experiencia colectiva es una buena pauta para los Mundiales del futuro."

¿Por qué es el Mundial un espectáculo de tal magnitud? El futbol es el deporte más popular del mundo. 178 países se encuentran afiliados

grande del mundo

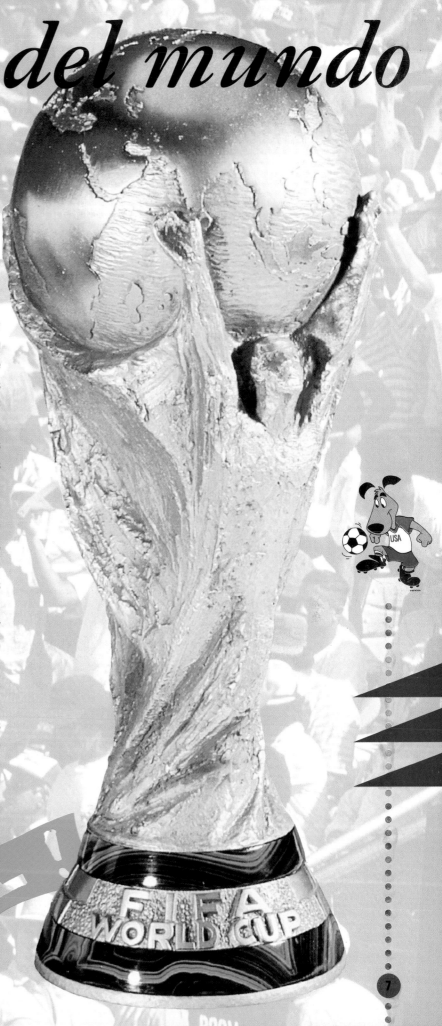

a la FIFA y de ellos, 143 se inscribieron para el torneo de 1994. EE.UU. y Alemania automáticamente participan por ser el anfitrión y el campeón actual respectivamente. De los 141 países restantes, 22 han obtenido sus puestos en EE.UU. después de luchar intensamente por la clasificación.

Los ganadores del partido final el próximo 17 de julio serán los Campeones del Mundo hasta 1998, cuando el siguiente Mundial se celebre en Francia.

Los mejores jugadores del mundo darán la batalla por la Copa y durante la lucha, que puede o no llevarlos a la victoria, se convertirán en los héroes de millones de aficionados alrededor del mundo.

Lo que los 32 mil millones de aficionados esperan ver en el Mundial son goles inolvidables como los anotados por Pelé en 1958 y en 1970, o por Maradona en 1986, o un espectacular despliegue de destreza como los que en el pasado han hecho las escuadras de Holanda, Brasil, Italia y tantas otras, o atrapadas extraordinarias como la de Gordon Banks en 1970. Todos éstos son hoy momentos memorables del futbol mundial.

Quizá también esperen polémicas y desacuerdos. ¿El disparo de Geoff Hurst cruzó la línea en la final de 1966? El juez de línea soviético Tofik Bakhramov decidió que sí y esta decisión prácticamente le aseguró la victoria a Inglaterra. Bakhramov murió en marzo de 1993 y los artículos que se escribieron en todo el mundo a raíz de su muerte mencionaron la polémica de hace ya 27 años. Tal fue su fama y tal es el poder del futbol.

Nuevos héroes, nuevos triunfos, nuevas frustraciones, nuevas tristezas, nuevas alegrías – esto es lo que el mundo espera del Mundial de 1994 en EE.UU.

EL CAMPEONATO MUNDIAL DE FUTBOL DE 1994

UN SUEÑO SE CONVIERTE EN REALIDAD

Los Estados Unidos están listos para celebrar el Mundial más grande, más ambicioso y simplemente el mejor de la historia del evento. Es muy posible que el certamen integre al fin a EE.UU. a la gran familia de naciones para las cuales el futbol es el deporte por excelencia. Los organizadores del Mundial de 1994 se están esforzando para que todo salga a la perfección con el propósito de demostrarles a los escépticos que EE.UU. es capaz de celebrar un Mundial que no sólo respete las tradiciones del balompié, sino que también tenga un colorido y un éxito financiero típicamente estadounidenses.

G O A L !

Marruecos, Chile, Brasil y EE.UU. compitieron por la sede del Mundial de 1994; la FIFA escogió a EE.UU. por sus superiores facilidades deportivas, sus modernos aeropuertos, autopistas y hoteles, así como su seguridad y organización financieras. Lo que también atrajo a la FIFA fue el interés de un país relativamente subdesarrollado en términos futbolísticos, pero con grandes recursos e intereses económicos para fomentar el balompié.

GRAN APOYO FINANCIERO

Alan Rothenberg, presidente de la Federación de Futbol de EE.UU., está sorprendido del apoyo financiero que ha recibido desde el momento en que se le otorgó a su país la sede del Mundial. Los 300 ó 400 millones de dólares que se necesitan saldrán de la venta de entradas y de las contribuciones privadas, especialmente de los once patrocinadores oficiales, Canon, Coca-Cola, Energizer FujiFilm, General Motors, Gillette, JVC, MasterCard, McDonald, Philips y Snikers. El contrato con estos patrocinadores se debe a los esfuerzos de ISL Marketing AG, la entidad de marketing exclusiva de la FIFA. Para el Mundial de 1994 se espera una explosión de productos promocionales como

Muestras de la colección "Iconos Americanos" que se utilizará para la promoción del Mundial de 1994.

artículos deportivos, broches, prendedores, juguetes, libros, etc., en todos los cuales figurará Striker.

AUDIENCIA MUNDIAL

En EE.UU., la cadena ABC trasmitirá los partidos que se lleven a cabo los domingos y días de fiesta, mientras que los demás serán trasmitidos por cable por la red ESPN, la cual llega a 70 millones de hogares. En los otros 180 países, una cadena nacional cubrirá el torneo entero de manera continua, sin las constantes interrupciones que caracterizan a las transmisiones deportivas norteamericanas. Los fanáticos en el resto del mundo podrán ver los partidos completos, en dos tiempos, como de costumbre.

APOYO POPULAR

Se espera que el Mundial de 1994 no sólo sea un espectáculo deportivo, sino que también sea un éxito comercial. La FIFA confía en la venta total de 3,6 millones de entradas (el número más alto de entradas de todos los Mundiales), no sólo por la gran cantidad de espectadores que se esperan, sino también porque los precios son módicos. Además se espera que el público estadounidense reciba y apoye el Mundial con los brazos abiertos, como

pasa con los otros deportes. El futbol ya ha demostrado tener una buena acogida en EE.UU.: en la década de 1980, el Cosmos de Nueva York, gracias a la presencia de Pelé y Beckenbauer, atraía regularmente una fanaticada de 40.000; en 1984, el estadio Rose Bowl de Pasadena alojó una de las más grandes multitudes de los Juegos Olímpicos durante un partido de futbol.

Actualmente 16 millones de norteamericanos juegan futbol (el 37% de los cuales son mujeres). El total de personas relacionadas con el futbol de una manera u otra sube a 50 ó 60 millones si se considera el papel que juega la familia en el arbitraje, el entrenamiento, el apoyo en los partidos, etc. Además, la presencia en EE.UU. de descendientes de emigrantes y el flujo de fanáticos de Europa y Sudamérica contribuirán al éxito del certamen. ¡Va a ser un Mundial inolvidable!

EL FUTURO

El Mundial de 1994 no se considerará un éxito completo a menos que uno de sus resultados sea el fortalecimiento del futbol en EE.UU. y la formación de una liga profesional norteamericana. Ya existen planes para el establecimiento de tal liga en 1995 y el potencial para el futbol mundial es enorme. Los demás países esperan con interés — y ansiedad — el resultado, pues un país del poderío de EE.UU. y fanático del futbol, sería algo digno de respeto.

"El Campeonato Mundial de Futbol de 1994 será un catalizador para la continua difusión del futbol en EE.UU. El Mundial le permitirá al futbol atraer la atención del público en el país con la más alta tasa de crecimiento en este deporte."

Alan Rothenberg, presidente de la Federación Estadounidense de Futbol y Director del Mundial de 1994.

MÁS DE 25.000 PERSONAS participaron en el concurso para escoger el nombre de la mascota para el Mundial USA 1994. El nombre escogido, "Striker" (goleador), fue anunciado en Hollywood.

Los estadios

Nunca antes se ha celebrado un Mundial en un área tan extensa como en el torneo de 1994. Los estadios de San Francisco y Los Angeles en la costa occidental de EE.UU. están a unos 4.500 kilómetros de distancia de los de la costa oriental.

La mayoría de estos estadios son conocidos más que todo por el futbol americano. El estadio Giants, por ejemplo, es la sede del equipo New York Giants; el estadio Robert F. Kennedy del Washington Redskins, mientras que el Rose Bowl de Los Angeles da cabida a los torneos intercolegiales más antiguos y prestigiosos, lo mismo que los estadios de Dallas y Orlando. El estadio Soldier Field, construido en 1922 y dedicado al personal de las fuerzas armadas, es el hogar del equipo Chicago Bears, y en 1927 fue el escenario de la más discutida pelea en la historia del boxeo entre Jack Dempsey y Gene Tunney.

El Pontiac Silverdome, con su magnífico domo de cristal y sede del equipo Detroit Lions, fue donde se celebró en 1993 el encuentro entre Alemania e Inglaterra en el primer torneo internacional bajo techo, la Copa de EE.UU. Al igual que muchos otros estadios estadounidenses, éste tiene grama artificial y por consiguiente será necesario ponerle césped natural para el Mundial. En el Silverdome este problema se solucionará cultivando el césped al aire libre, bajo el cuidado estricto de un científico local.

El estadio Giants no solamente ha presenciado partidos de futbol, sino que también ha servido de "hogar" a la estrella máxima de este deporte, Pelé, quien jugó allí para el equipo Cosmos de Nueva York entre 1977 y 1984.

Todos los estadios tienen un carácter propio: El Soldier Field, en el cual se llevará a cabo la ceremonia inaugural, es grande, sombrío y de estilo neoclásico; el estadio Foxboro es más funcional que atractivo, con enormes escaños a cada lado del campo de juego; el estadio RFK, construido originalmente para el equipo de beisbol Washington Senators, es el más pequeño de todos y las graderías se elevan desde el borde del campo de juego; es donde los equipos europeos se sentirán más a gusto.

El Rose Bowl, en donde se va a llevar a cabo la final, es el único estadio capaz de alojar 100.000 espectadores. Allí se efectuaron la semifinal y la final del torneo de futbol de los Olímpicos de 1984. Sin duda alguna, el 17 de julio de 1994 el Rose Bowl estará completamente lleno.

SAN FRANCISCO

LOS ANGELES

DAL

STANFORD

Situación: Palo Alto, California, a unos 40 kilómetros al sur del centro de San Francisco.
Construido: en 1921
Capacidad: 86.019
Antecedentes futbolísticos: aquí se han reunido grandes multitudes a presenciar históricos encuentros como el de los Juegos Olímpicos de 1984. Más recientemente miles de aficionados estadounidenses se han dado cita aquí para ver jugar a su país.

ROSE BOWL

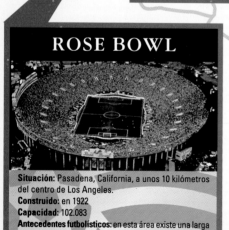

Situación: Pasadena, California, a unos 10 kilómetros del centro de Los Angeles.
Construido: en 1922
Capacidad: 102.083
Antecedentes futbolísticos: en esta área existe una larga tradición por el balompié debido a la cercanía de México. Los eventos de futbol celebrados en este estadio fueron los que atrajeron más aficionados a Los Angeles durante los Olímpicos de 1984.

COTTON BOWL

Situación: Dallas, en el histórico Fair Park
Construido: en 1930
Capacidad: 72.000
Antecedentes futbolísticos: aquí se llevó a cabo la Copa de Oro CONCACAF de 1993. Dallas también ha sido la sede de otros importantes torneos de futbol profesional.

PONTIAC SILVERDOME

Situación: Pontiac, a unos 27 kilómetros del centro de Detroit.
Construido: en 1975
Capacidad: 76.000
Antecedentes futbolísticos: aquí se han celebrado torneos de futbol desde su apertura en 1978, cuando se estableció como sede del Detroit Express. La reunión anual de la Federación Estadounidense de Futbol también se efectuó aquí en 1991.

FOXBORO

Situación: A mitad de camino entre Boston (Massachussetts) y Providencia (Rhode Island), a unos 35 kilómetros del centro de Boston.
Construido: en 1970
Capacidad: 61.000
Antecedentes futbolísticos: aquí han tenido lugar partidos internacionales como la Copa de Futbol de EE.UU. En 1991 un partido contra Irlanda atrajo 54.743 aficionados, mientras que los dos partidos de la Copa de EE.UU. reunieron más de 75.000.

BOSTON

NUEVA YORK / NUEVA JERSEY

DETROIT

CHICAGO

WASHINGTON

SOLDIER FIELD

Situación: a orillas del lago Michigan, al sur de Chicago.
Construido: en 1922
Capacidad: 66.814
Antecedentes futbolísticos: Chicago es la sede de US Soccer, la principal autoridad del futbol estadounidense. En los últimos años este estadio se ha utilizado para muchos de los partidos del conjunto nacional.

RFK MEMORIAL

Situación: Washington DC, a unos dos kilómetros del Capitolio.
Construido: en 1961
Capacidad: 56.500
Antecedentes futbolísticos: por ser la capital, Washington ha disfrutado de una tradición futbolística que se remonta a los principios del siglo. Este estadio fue la sede del equipo Washington Diplomats, cuya principal atracción fue el holandés Johann Cruyff.

GIANTS

Situación: Nueva Jersey es parte del complejo de Meadowlands en East Rutherford a unos 8 kilómetros de Nueva York.
Construido: en 1976
Capacidad: 76.891
Antecedentes futbolísticos: ninguna otra región tiene una tradición de futbol tan variada como Nueva York y Nueva Jersey. De 1977 a 1984 el célebre Cosmos—con Pelé, Beckenbauer, Chinaglia, etc. – hicieron de este estadio su segundo hogar.

CITRUS BOWL

Situación: a 1,5 kilómetros al oeste de Orlando.
Construido: en 1976
Capacidad: 70.188
Antecedentes futbolísticos: aunque Orlando es relativamente nuevo en el ámbito del futbol, aquí ya se han realizado numerosos torneos de balompié. En 1992 y 1993 el conjunto nacional jugó en este estadio partidos contra Australia y Rusia.

ORLANDO

©1992 WC'94TM

El sorteo en Las Vegas

Group Germany	Group Brazil	Group Argentina	Group Belgium	Group Italy	Group USA
Bolivia 2	Russia 2	Greece 2	Morocco 2	Ireland Rep. 2	Switzerland 2
Spain 3	Cameroon 3	Nigeria 3	Netherlands 3	Norway 3	Colombia 3
Korea Rep. 4	Sweden 4	Bulgaria 4	Saudi Arabia 4	Mexico 4	Romania 4

El sorteo para el Mundial de 1994 en Las Vegas contó con la presencia de personalidades norteamericanas y europeas.

El sorteo para el torneo del Mundial de 1994 tuvo lugar el 19 de diciembre de 1993 en el Centro de Convenciones de Las Vegas bajo la dirección de Joseph Blatter, secretario general y gerente general de la FIFA, en presencia de la prensa internacional y las cámaras de televisión que transmitieron el evento a 500 millones de personas en todo el mundo y contó con la ayuda de personalidades del cine y del deporte, encabezados por la actriz norteamericana Faye Dunaway.

Las selecciones de EE.UU., Brasil, Alemania, Argentina, Italia y Bélgica fueron asignadas a cada uno de los 6 grupos y los otros 18 equipos se dividieron por área geográfica así:

ÁREA A (Africa, Centro y Suramérica): Camerún, Marruecos, Nigeria, Bolivia, Colombia y México.

ÁREA B (Europa): España, Rumania, República de Irlanda, Rusia, Holanda y Bulgaria.

ÁREA C (Asia y el resto de Europa): Corea del Sur, Arabia Saudita, Suecia, Grecia, Noruega y Suiza.

El señor Blatter explicó que esta división evitaría que equipos del mismo continente entraran directamente a competir los unos con los otros; la única excepción fueron los equipos europeos, que por su número (13) fueron repartidos entre los 6 grupos.

PANEL DE PERSONALIDADES

Los equipos en cada área fueron divididos en grupos por medio de sorteos efectuados con personalidades del balompié como Eusebio, Tony Meola, Roger Milla, Bobby Charlton, Michel Platini y Marco Van Basten (área A), y Evander Holyfield, campeón de peso pesado, el actor Robin Williams y Franz Beckenbauer (áreas B y C). Después del sorteo, Alan Rothenberg anunció la sede de cada grupo.

BRASIL ENCABEZA UN GRUPO DIFÍCIL

De los 6 grupos, el más fuerte parece ser el grupo B encabezado por Brasil; este último espera pasar a la siguiente ronda, pero no le será fácil porque los otros 3 equipos también son fuertes: Camerún demostró en 1990 que podía derrotar a cualquier otro rival, aunque perdió 4–0 ante los rusos (que entonces representaban a la Unión Soviética). Suecia sufrió una derrota por 2–1 a manos de Brasil, y aunque perdió todos los partidos, ahora es una selección más fuerte y segura de sí misma. En estas circunstancias no es fácil pronosticar el resultado de este grupo.

El grupo E también será difícil de decidir. La República de Irlanda no tendrá la oportunidad de jugar en Boston, donde se le garantizaría el apoyo de una gran fanaticada irlandesa, pero es de esperarse que sus seguidores se hagan presentes en los dos encuentros en Nueva York. Italia indudablemente contará con un buen apoyo por parte de la comunidad italoamericana y es el favorito de este grupo. México hubiera preferido jugar en Los Angeles por razones obvias, pero al menos sus jugadores están bien adaptados al clima de Orlando. Aunque a Noruega se le considera un equipo inferior, no se le debe subestimar. El resultado de este grupo también es difícil de predecir.

En el grupo F, se enfrentarán los representantes de los Países Bajos, Bélgica y Holanda, los cuales esperan pasar a la segunda ronda; Marruecos, por su parte, ha sido un fuerte luchador en Mundiales anteriores y Arabia Saudita espera alcanzar la justa recompensa por sus esfuerzos en los últimos años.

Alemania parece tener por delante una tarea sencilla en el grupo C, lo mismo que España, a pesar de las desilusiones de esta última en Mundiales pasados. Sin embargo, los recientes éxitos de Bolivia y Corea del Sur podrían ocasionar resultados sorpresivos.

En el grupo D, Argentina y Bulgaria tienen las mejores oportunidades de pasar a la segunda ronda. El grupo incluye a los equipos neófitos de Nigeria y Grecia, cada uno de los cuales espera pasar a la siguiente ronda a expensas del otro.

El grupo A es considerado el más débil de todos y se piensa que cada uno de los 4 equipos tiene una buena oportunidad de pasar a la segunda ronda. Por sus buenas actuaciones en las eliminatorias, Colombia y Rumania son los favoritos. EE.UU., con jugadores más avezados y mejor entrenados que en 1990, también tiene buenas probabilidades de salir adelante, así como Suiza, a pesar de que muchos comentaristas piensan que los suizos se habrían contentado apenas con la clasificación.

TRES PUNTOS POR UNA VICTORIA

En cada grupo, los equipos que terminen en las dos primeras posiciones pasarán a la segunda ronda, junto con los 4 mejores equipos en tercera posición.

La nueva regla de la FIFA que permite ganar 3 puntos por una victoria en la etapa inicial va a mejorar el campeonato de 3 maneras: Primero, los equipos débiles de cada grupo saben que una sola victoria les dará la oportunidad de pasar a la siguiente ronda, así sea en una de las posiciones reservadas para los equipos que terminen en tercer lugar. Segundo, evitará que los equipos defensivos fuertes se contenten con un empate, como ha pasado en ocasiones anteriores. Tercero, evitará los encuentros "muertos" porque aunque un equipo haya perdido sus dos primeros partidos, tendrá la oportunidad de pasar a la segunda ronda si gana su tercer partido.

COMO SE ALINEAN LOS COMBATIENTES

GRUPO A
EE.UU.
Suiza
Colombia
Rumania

GRUPO B
Brasil
Rusia
Camerún
Suecia

GRUPO C
Alemania
Bolivia
España
Corea del Sur

GRUPO D
Argentina
Grecia
Nigeria
Bulgaria

GRUPO E
Italia
República de Irlanda
Noruega
México

GRUPO F
Bélgica
Marruecos
Holanda
Arabia Saudita

El camino a la final

Siga el desarrollo del Mundial con la ayuda de estas dos páginas y al final del Campeonato tendrá un récord de todos los resultados.

En la primera ronda participarán 6 grupos. Los dos equipos que terminen en primer y segundo lugar de cada grupo, junto con los 4 mejores que hayan terminado en tercera posición pasarán a la segunda ronda. Se ha dejado espacio suficiente en la tabla para añadir los resultados.

De la segunda ronda en adelante el torneo es eliminatorio. Los equipos que jueguen en esta ronda y en el resto del torneo no se conocerán hasta cuando se hayan jugado los partidos correspondientes, pero se indica en los cuadros cuáles ganadores juegan, en qué fecha y en qué estadios y hay espacio suficiente para anotar los nombres de los equipos, los resultados y los goleadores.

PRIMERA RONDA

REGION I

GRUPO A

Fecha	Partido	Marcador
Junio 18, Detroit	EE.UU. vs. Suiza	..... : .....
Junio 18, Los Angeles	Colombia vs. Rumania	..... : .....
Junio 22, Los Angeles	EE.UU. vs. Colombia	..... : .....
Junio 22, Detroit	Rumania vs. Suiza	..... : .....
Junio 26, Los Angeles	EE.UU. vs. Rumania	..... : .....
Junio 26, San Francisco	Suiza vs. Colombia	..... : .....

Posiciones	J	G	E	P	F	C	Pts	DG
1.								
2.								
3.								
4.								

GRUPO B

Fecha	Partido	Marcador
Junio 19, Los Angeles	Camerún vs. Suecia	..... : .....
Junio 20, San Francisco	Brasil vs. Rusia	..... : .....
Junio 20, San Francisco	Brasil vs. Camerún	..... : .....
Junio 24, Detroit	Suecia vs. Rusia	..... : .....
Junio 28, San Francisco	Rusia vs. Camerún	..... : .....
Junio 28, Detroit	Brasil vs. Suecia	..... : .....

Posiciones	J	G	E	P	F	C	Pts	DG
1.								
2.								
3.								
4.								

REGION II

GRUPO C

Fecha	Partido	Marcador
Junio 17, Chicago	Alemania vs. Bolivia	..... : .....
Junio 17, Dallas	España vs. Corea del Sur	..... : .....
Junio 21, Chicago	Alemania vs. España	..... : .....
Junio 23, Boston	Corea del Sur vs. Bolivia	..... : .....
Junio 27, Chicago	Bolivia vs. España	..... : .....
Junio 27, Dallas	Alemania vs. Corea del Sur	..... : .....

Posiciones	J	G	E	P	F	C	Pts	DG
1.								
2.								
3.								
4.								

GRUPO D

Fecha	Partido	Marcador
Junio 21, Boston	Argentina vs. Grecia	..... : .....
Junio 21, Dallas	Nigeria vs. Bulgaria	..... : .....
Junio 25, Boston	Argentina vs. Nigeria	..... : .....
Junio 26, Chicago	Bulgaria vs. Grecia	..... : .....
Junio 30, Boston	Grecia vs. Nigeria	..... : .....
Junio 30, Dallas	Argentina vs. Bulgaria	..... : .....

Posiciones	J	G	E	P	F	C	Pts	DG
1.								
2.								
3.								
4.								

REGION III

GRUPO E

Fecha	Partido	Marcador
Junio 18, Nueva York	Italia vs. Rep. de Irlanda	..... : .....
Junio 19, Washington	Noruega vs. México	..... : .....
Junio 23, Nueva York	Italia vs. Noruega	..... : .....
Junio 24, Orlando	México vs. Rep. de Irlanda	..... : .....
Junio 28, Nueva York	Rep. de Irlanda vs. Noruega	..... : .....
Junio 28, Washington	Italia vs. México	..... : .....

Posiciones	J	G	E	P	F	C	Pts	DG
1.								
2.								
3.								
4.								

GRUPO F

Fecha	Partido	Marcador
Junio 19, Orlando	Bélgica vs. Marruecos	..... : .....
Junio 20, Washington	Holanda vs. Arabia Saudita	..... : .....
Junio 25, Nueva York	Arabia Saudita vs. Marruecos	..... : .....
Junio 25, Orlando	Bélgica vs. Holanda	..... : .....
Junio 29, Orlando	Marruecos vs. Holanda	..... : .....
Junio 29, Washington	Bélgica vs. Arabia Saudita	..... : .....

Posiciones	J	G	E	P	F	C	Pts	DG
1.								
2.								
3.								
4.								

SEGUNDA RONDA

Julio 2, Chicago
Ganador Grupo C vs. Tercer lugar

....:...... ....

Julio 2, Washington
Segundo Lugar Grupo C vs. Segundo Lugar Grupo A

....:...... ....

Julio 3, Los Angeles
Ganador Grupo A vs. Tercer lugar

....:...... ....

Julio 3, Dallas
Segundo Lugar Grupo F vs. Segundo Lugar Grupo B

....:...... ....

Julio 4, San Francisco
Ganador Grupo B vs. Tercer lugar

....:...... ....

Julio 4, Orlando
Ganador Grupo F vs. Segundo Lugar Grupo E

....:...... ....

Julio 5, Boston
Ganador Grupo D vs. Tercer lugar

....:...... ....

Julio 5, New York
Ganador Grupo E vs. Segundo Lugar Grupo D

....:...... ....

CUARTOS DE FINAL

Julio 9, Boston
Ganador en Boston vs.
Ganador en Washington

....
......:......

Julio 9, Dallas
Ganador en Orlando vs.
Ganador en San Francisco

....
......:......

Julio 10, San Francisco
Ganador en Los Angeles vs.
Ganador en Dallas

....
......:......

Julio 10, New York
Ganador en New York vs.
Ganador en Chicago

....
......:......

SEMIFINAL

Julio 13, Los Angeles
Ganador en San Francisco vs.
Ganador en Dallas

....
......:......

Julio 13, New York
Ganador en New York vs.
Ganador en Boston

....
......:......

PARTIDO POR TERCER LUGAR

Julio 16, Los Angeles

....
......:......

LA FINAL

Julio 17, Los Angeles

....:...... ....

Goleadores   Goleadores

....

....

SCORE!

CAPITULO 2

LOS HEROES DE 1994

Los nombres de muchas figuras legendarias del futbol se conocen en muchas partes del mundo gracias a la expansión explosiva del balompié a todos los rincones del globo. Hoy en día aún se recuerdan famosos jugadores de la década de 1930 como el brasileño Leónidas, "el diamante negro", o Giuseppe Meazza, el prolífico goleador italiano. Después de la Segunda Guerra Mundial, cada Campeonato se ha asociado con jugadores que han alcanzado fama internacional: 1958 fue el año de Pelé, el mejor jugador que el mundo ha visto; 1966 el de Bobby Moore y Eusebio; 1970 fue sinónimo de Beckenbauer y Müller; en 1986 Diego Maradona asombró al mundo con su destreza en el Mundial, y en 1990 los excelentes goles y el entusiasmo de Roger Milla, de 38 años de edad, lo convirtieron en el héroe del momento y trajeron fama y esperanza a su país, Camerún.

¿Quiénes serán los héroes de 1994? Todos los jugadores que aparecen en esta sección tienen las aptitudes y la oportunidad de serlo, y seguramente que un puñado de ellos habrá alcanzado fama mundial cuando la Copa sea presentada al triunfador el 17 de julio de 1994.

Faustino Asprilla

El relámpago

Tradicionalmente, los grandes jugadores brasileños, argentinos y uruguayos han hecho su fortuna en las ligas de futbol italianas. El primer colombiano en unirse a este grupo fue un joven alto y atlético que en 1992 firmó un contrato por tres años con el equipo Parma por valor de cinco millones de dólares. El presidente del club expresó su deleite y satisfacción diciendo "Ahora tenemos un campeón". Este campeón es Faustino Asprilla.

Asprilla pertenece a una familia numerosa (9 hermanos) proveniente de la región sur-occidental de Colombia. Desde niño mostró gran destreza y prefería pasar su tiempo libre jugando futbol en las calles, aunque sus padres insistían en que Faustino debía concentrarse en sus estudios. El futbol ganó esta batalla: Faustino prefirió una carrera en el balompié a una carrera universitaria. Su éxito en el Deportivo Cali, su equipo local, culminó en 1989 con su transferencia al Atlético Nacional de Medellín, el campeón de la Copa Libertadores en esta época. En poco tiempo se destacó en su nuevo equipo y muy pronto compartió el honor de ganar la Copa Interamericana y el Campeonato Colombiano.

DIESTRO Y PELIGROSO

Cuando en febrero de 1992 se celebró en Paraguay el torneo sudamericano clasificatorio para los Juegos Olímpicos de 1996, muchos representantes de los grandes equipos europeos se hicieron presentes con el propósito de buscar nuevos jugadores. Colombia clasificó y Asprilla sobresalió entre los astros del torneo. Parma lo contrató y lo llevó en su gira por Brasil. Faustino pronto se integró al equipo y en su primer partido contra Fluminense, con un fuerte cañonazo marcó un estupendo gol después de haber burlado a tres adversarios.

Asprilla es alto, de piernas largas y muy veloz. Mantiene la concentración y la calma aun a alta velocidad y no siempre termina sus carreras con un disparo, sino que frecuentemente pasa el balón cuando la oportunidad de marcar es mejor desde otra posición. Su pie derecho es devastador, pero también es peligroso con el izquierdo. No es de apariencia muy fuerte y por esto el entrenador del Parma lo ha mantenido bajo un programa de ejercicios para fortalecer su físico.

Su primer año en Italia fue excelente y sus goles le permitieron al Parma alcanzar la Copa de Campeones de Europa; en su segundo año continuó su éxito como goleador. En el Mundial de 1994 seguramente muchos defensas y guardametas contrarios terminarán frustrados por sus efectivas jugadas y peligrosas arremetidas.

"Salsita" bailará en EE.UU. al ritmo del Mundial de 1994.

> ❝ *Asprilla es una maravilla y tiene suficiente talento para ser el mejor jugador sud-americano de la liga italiana.* ❞
>
> **DANIEL FONSECA, del Nápoles y Uruguay.**

FAUSTINO ASPRILLA
País: COLOMBIA   Posición: DELANTERO

NACIDO:
el 6 de noviembre de 1969 en Tuluá, cerca de Cali

CARRERA:
1986-89	Deportivo Cali
1989-92	Atlético Nacional
1992-	Parma (Italia)

HONORES:
Copa Interamericana 1990; Campeonato Colombiano 1991 (Atlético Nacional); Copa de Campeones de Europa 1993 (Parma):

Debut Internacional: 1992

Roberto Baggio

La esperanza italiana

Baggio marca un gol espectacular contra Checoslovaquia en 1990.

Roberto Baggio se consolidó como uno de los futbolistas internacionales claves del Mundial de 1990 y su fama ha crecido desde entonces. En 1993 se le eligió Jugador Mundial del Año y obtuvo el número más alto de votos en la revista *World Soccer*. Muchos otros jugadores famosos han expresado su admiración por Baggio. El francés Jean-Pierre Papin opinó que Baggio "pertenece a una rara categoría de futbolistas capaces de hacer lo que quieren con el balón a sus pies", punto en el que coincide con el holandés Marco van Basten. Zico, por su parte, manifestó que "desde el punto de vista técnico, es imposible encontrarle una imperfección. Roberto es de categoría mundial."

Sin embargo, su carrera estuvo a punto de arruinarse aun antes de empezar, cuando Baggio jugaba para Lanerossi Vicenza. Una operación en los ligamentos de la rodilla lo puso fuera de combate por toda una temporada y después de su traspaso al club Fiorentina estuvo de baja en dos ocasiones. Fue necesaria otra operación y afortunadamente esta vez los resultados fueron exitosos. A pesar de su popularidad en su nuevo equipo, una crisis financiera obligó a Fiorentina a transferirlo a Juventus, su rival. Esto ocasionó dos días de protesta en Florencia y tal desazón a Baggio que seis meses después durante un partido contra Fiorentina, prefirió que lo sustituyeran para ejecutar un penalti contra su antiguo club. Baggio abandonó el campo de juego con una bufanda del Fiorentina en el cuello.

GOL ESPECTACULAR

El Juventus pagó 11 millones de dólares por Baggio, suma récord en esa época. En el Mundial de 1990, Baggio justificó este dineral al marcar probablemente el mejor gol individual del torneo, en el partido contra Checoslovaquia. Para lograrlo tuvo que eludir a la defensa checa desde el centro del campo. Esto lo convirtió de la noche a la mañana en el nuevo "bambino de oro" y aseguró su posición en la selección italiana.

Baggio es pequeño y difícil de categorizar. Su drible, pases y tiros indican que es el mediocampista ideal, pero también es un fuerte artillero y marca un buen promedio de goles `– uno por cada dos partidos. En 1994 es muy posible que se le deje jugar libremente, lo cual será un espectáculo que deleitará al público en el Mundial.

> **"***Ese gol y sus grandes ojos verdes me conquistaron.***"**

Madonna, después de ver a Baggio marcar un gol contra Checoslovaquia en el Mundial de 1990. Madonna invitó a todo el cuadro italiano a cenar y de recuerdo recibió la camisa de Baggio.

final

UN COMPAÑERO de Baggio en el Juventus y en la selección italiana se llama Dino Baggio, pero los dos no pertenecen a la misma familia.

Roberto Baggio es uno de los jugadores italianos más diestros y elegantes.

WorldCup USA94

ROBERTO BAGGIO
País: ITALIA Posición: MEDIOCAMPISTA

NACIDO:
el 18 de febrero de 1967 en Caldogno

CARRERA:
1982-85 Lanerossi Vicenza

1985-90 Fiorentina
1990-Juventus

HONORES:
Copa de UEFA 1993

Debut Internacional: 1988

Franco Baresi

Aunque formaba parte de la escuadra italiana que ganó el Mundial de 1982, Franceschino Baresi no jugó un solo partido en esta ocasión. En 1986 y 1990 sí tomó parte en todos. El fracaso de Italia en 1990 ante sus propios fanáticos significa que el Mundial de 1994 será su última oportunidad de agregar la Copa del Mundo a su larga lista de honores, tarea a la que Baresi se enfrentará con la organización y determinación que lo caracterizan.

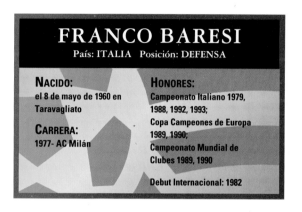

FRANCO BARESI
País: ITALIA   Posición: DEFENSA

NACIDO:
el 8 de mayo de 1960 en Taravagliato

CARRERA:
1977- AC Milán

HONORES:
Campeonato Italiano 1979, 1988, 1992, 1993;
Copa Campeones de Europa 1989, 1990;
Campeonato Mundial de Clubes 1989, 1990

Debut Internacional: 1982

"Organización" es la palabra más adecuada para describir a Baresi, zaguero del AC Milán y de la selección italiana, quien ha adoptado el papel de líder en la defensa para convertirla en una máquina eficiente, en la que cada jugador conoce su función y la desempeña a la perfección. A Franco se le conoce como "Franz", en honor a Franz Beckenbauer, por su forma positiva y eficiente de dirigir a su equipo.

RECHAZO DEL INTERNAZIONALE
Cuando tenía 14 años, Baresi y su hermano Giuseppe jugaron por un tiempo de prueba con el Internazionale, el otro equipo milanés. Giuseppe pasó la prueba, pero Franco fue rechazado por no tener el físico necesario. Una semana después, el equipo rival, AC Milán, lo aceptó y con éste hizo su debut a finales de la temporada de 1978. El año siguiente, su equipo ganó el campeonato italiano y Baresi se desempeñó como el mejor defensor.

Baresi siempre ha permanecido leal a su equipo, a pesar de frustraciones profesionales como la relegación del AC Milán a la 2ª división en 1980, después de un escándalo financiero. Personalmente también ha sufrido reveses, especialmente cuando estuvo a punto de morir a consecuencia de una complicación sanguínea.

FIGURA EJEMPLAR
En la defensa italiana, Baresi ha sido un jugador digno de imitación.

Su fortaleza, su determinación para evitar que los artilleros enemigos se acerquen a su meta, su energía para mantener el balón fuera de su área y su iniciativa en el ataque son cualidades envidiables. En 1992, no obstante, Baresi decidió retirarse del futbol internacional porque sintió que había perdido el gusto por el deporte. El galeón italiano perdió por consiguiente no sólo su capitán, sino también su rumbo. Baresi, sin embargo, regresó a tomar el mando y a guiar su equipo hacia EE.UU.

> **Baresi no pudo haber comenzado su carrera en forma más brillante. Desde un principio, su confianza en sí mismo era tal que jugaba convincentemente tanto en la defensa como en el ataque.**

Gianni Rivera, el jugador estrella del AC Milán hablando del debut de Baresi a los 17 años.

Arriba izquierda: Baresi en acción en un partido clasificatorio contra Escocia en 1993.

Bebeto

La bomba brasileña

BEBETO
(José Roberto da Gama de Oliveira)
País: BRASIL   Posición: DELANTERO

NACIDO:
el 16 de febrero de 1964

CARRERA:
1980-84 Bahía
1984-89 Flamengo
1989-92 Vasco da Gama
1992- Deportivo La Coruña
(España)

HONORES:
Campeonato de Río 1986
(Flamengo);
Campeonato Brasileño 1989;
Copa Libertadores 1989 (Vasco
da Gama)

Debut Internacional: 1985

En 1992, el Deportivo La Coruña, un equipo del norte de España que apenas había evitado ser relegado en la temporada anterior, adquirió un liviano artillero brasileño llamado Bebeto por 2 millones de dólares. Esto fue como una bendición para ambos pues el Deportivo La Coruña pronto se puso a la cabeza de la liga, en batalla contra el Barcelona y el Real Madrid. Bebeto, por su parte, vio resurgir su fama y probabilidades de una carrera lustrosa.

WorldCup USA94

"CHORAO", EL QUEJUMBROSO.

Debido a que su carrera ha pasado por muchos altibajos, disputas, insolencias, altercados, etc, a Bebeto se le ha dado el apodo de "Chorao" (el quejumbroso). Bebeto llegó al futbol profesional en 1980 con Flamengo, club con el cual ganó el Campeonato de Río en 1986. Bebeto es uno de esos pequeños artilleros que les gustan a los brasileños: veloz, hábil, diestro, capaz de muchos trucos e ingeniosas jugadas en el área enemiga y con un potente cañón que no refleja su pequeña estatura. Su selección para representar a su país, a pesar de la fuerte competencia

El hábil Bebeto tendrá que controlar su temperamento en el Mundial de 1994.

de Zico y Careca, le abrió a Bebeto muchas puertas y su éxito parecía asegurado.

En 1988, en un partido eliminatorio contra Argentina para los Juegos Olímpicos Bebeto abandonó el terreno de juego en protesta cuando fue sustituido por un suplente. Poco después de unirse al Vasco da Gama fue expulsado por pelear con el guardameta del equipo contrario. Bebeto fue elegido Futbolista Sudamericano del Año en 1989. En el Mundial de 1990 tuvo problemas otra vez cuando protestó por haber jugado sólo 7 minutos después de entrar de suplente de Careca en el partido contra Costa Rica. Para complicar las cosas aun más, Bebeto comenzó a sufrir lesiones.

DISPUTA CON FALCAO

En 1991 Bebeto fue seleccionado para representar a Brasil en la Copa América, pero tuvo un altercado con Roberto Falcao, el director técnico, antes del inicio del campeonato. "Yo quiero jugar para Brasil, pero no bajo la dirección de Falcao", comentó Bebeto al retirarse. Se pensó que su carrera internacional había terminado, pero libre de lesiones, Bebeto jugó muy bien el resto de la temporada, llegando a la cima de los goleadores brasileños. Mientras tanto, Carlos Alberto Parreira reemplazó a Falcao y le ofreció a Bebeto otra oportunidad.

Después de rechazar ofertas de Italia y Alemania, Bebeto se fue con su familia para La Coruña, donde hoy vive muy a gusto y donde se siente más libre que nunca. Bebeto tendrá apenas 30 años cuando comience el Mundial de 1994 y se espera que tome su merecido lugar entre los héroes del futbol brasileño.

"Por mucho tiempo he llevado encima las esperanzas y los sueños de todo el mundo. No creo que nada haya cambiado."

Dennis Bergkamp

Si ya hubiera pasado la época de Gullit, Van Basten y Rijkaard, Dennis Bergkamp sería el futbolista holandés más brillante del momento, a pesar de no haber llegado aún a la cúspide de su potencial. Bergkamp comenzó su carrera muy positivamente cuando, siendo apenas un delgado adolescente de 17 años, Cruyff lo identificó como un joven de gran futuro. El Mundial de 1994 puede ser la ocasión para que Bergkamp alcance su potencial y surja como el jugador más completo del mundo.

Bergkamp nació en Amsterdam y a los 12 años entró a la escuela de futbol del Ajax, donde no se distinguió, jugando en el segundo equipo. En 1986, cuando Cruyff era el director técnico del Ajax, Bergkamp hizo su debut, como alero, en un partido de liga. En 1987, jugó como suplente en la final de la Copa de Ganadores de Europa, partido en el que el Ajax derrotó al Lokomotiv de Leipzig por 1–0. Desafortunadamente, a la partida de Cruyff, Bergkamp terminó de nuevo en las reservas.

TALENTO DE GOLEADOR

Cuando Van Basten salió del Ajax, Bergkamp lo reemplazó en el primer equipo y pronto se distinguió como un mediocampista capaz de marcar goles. Bergkamp estableció un nuevo récord holandés al marcar goles en 10 partidos de liga consecutivos, entre octubre de 1988 y enero de 1989. De aquí en adelante su actuación como goleador mejoró considerablemente: 5 goles en la temporada de 1989-90, 24 en 1990-91 (título de Máximo Goleador compartido con Romario), 25 en 1991-92 (Máximo Goleador) y 26 en 1992-93 (Máximo Goleador).

Bergkamp no es sólo un buen artillero. Es además un jugador completo y excelente, cuya destreza en controlar el balón y hacer pases lo ponen entre los mejores del mundo. Tiene mucha avidez por mejorar su juego y practica el atletismo con el fin de

Bergkamp es un futbolista de muchas cualidades.

Bergkamp en acción en el vital partido clasificatorio contra Inglaterra en noviembre de 1993, el cual terminó 2–0 a favor de Holanda.

mejorar su velocidad y resistencia. Bergkamp también resistió por mucho tiempo las tentadoras ofertas de los ricos clubes italianos y españoles, incluyendo el Real Madrid.

LISTO PARA EL CAMBIO

Bergkamp representó a su país por primera vez después del Mundial de 1990 y se destacó en el Campeonato Europeo de 1992. En 1991 fue elegido Futbolista Holandés del Año y marcó goles cruciales durante las eliminatorias para el Mundial de EE.UU. En 1993, con el AC Milán, el Internazionale y el Juventus en persecución, Bergkamp sintió que estaba listo para jugar en Italia y se decidió por Internazionale, al cual se unió por 12 millones de dólares. Bergkamp no sólo es modesto y sensato, sino que también tiene las cualidades

> **"***Bergkamp es un jugador completo. Es fuerte en el avance y la defensa, puede burlar adversarios, marcar goles y sabe cabecear bien. Nunca se sabe qué más hará.***"**
>
> **Mitchel van der Gaag del Sparta Rotterdam.**

DENNIS BERGKAMP
País: HOLANDA   Posición: DELANTERO

NACIDO:
el 10 de mayo de 1969 en Amsterdam

CARRERA:
1986-93: Ajax Amsterdam
1993- Internazionale Milán (Italia)

HONORES:
Copa de Ganadores de Europa 1987; Campeonato Holandés 1990;
Copa de UEFA 1992;
Copa Holandesa 1993 (Ajax)

Debut Internacional: 1990

Jorge Campos

El arlequín mexicano

JORGE CAMPOS NAVARRETE
País: MEXICO   Posición: GUARDAMETA

NACIDO:
el 15 de octubre de 1966 en Acapulco

CARRERA:
1986- UNAM

HONORES:
Campeonato Mexicano 1990; Copa de Oro de CONCACAF 1993; Subcampeón de la Copa América 1993
Debut Internacional: 1991

Aunque la actuación de la selección mexicana en el Mundial de 1994 no produzca los resultados deseados, el nombre de su guardameta Jorge Campos se grabará en la mente de los espectadores por ser uno de los jugadores más divertidos del torneo. Durante la Copa América de 1993, Campos causó tal impresión con su estilo de juego y los colores de su vestimenta deportiva (rosado brillante combinado con rombos rojos, azules y verdes) que se ganó el nombre de arlequín.

Campos es un portero con pretensiones de defensor. Cuando su equipo se lanza a la ofensiva, se mueve en sincronía con sus compañeros a una posición fuera del área. Campos es una especie de defensa "zaguero". Insiste que su técnica funciona muy bien gracias a la nueva regla de la FIFA que prohíbe a los guardametas tocar el balón con las manos cuando reciben un pase hacia atrás. Aunque su inimitable estilo en ocasiones le ha costado goles "tontos", es suficientemente ágil y veloz para regresar a la portería cuando es necesario.

WorldCup USA94

DELANTERO FRUSTRADO

Para ser guardameta, Campos no es muy alto y siempre ha querido jugar en otras partes del terreno de juego, especialmente en la delantera. Cuando en 1989 empezó su carrera con el conjunto UNAM (Universidad Nacional Autónoma de México) Campos pidió que se le dejara jugar como artillero al darse

cuenta de que sería difícil desplazar al portero de planta. A pesar de no haber jugado en esta posición toda la temporada, Campos se puso a la cabeza de los goleadores de su equipo con 14 tantos.

Ahora que Campos se ha establecido como guardameta, en ocasiones juega medio partido en la portería y medio en la delantera, como lo hizo en la Copa de Oro de CONCACAF de 1993, ganada por México. En esta ocasión Campos facilitó dos goles. Campos dice que lo que le gusta de jugar como delantero es que puede expresar más emoción al marcar un gol que al detener uno.

César Luis Menotti, director técnico de Argentina en 1978, seleccionó a Campos por primera vez cuando estaba al mando de la escuadra mexicana en 1991. El director técnico actual, Miguel Mejía Barón, tampoco dudó en seleccionarlo, a pesar de que los argentinos estuvieron a punto de marcar 3 goles desde el centro del campo durante un partido de la Copa América 1993. Campos se reivindicó una vez más cuando el partido terminó empatado a un gol. En el Mundial de 1994, los espectadores podrán divertirse con las bufonadas de este guardameta sin igual.

Nadie pasará por alto a Jorge Campos en el Mundial de 1994. Si su futbol no atrae la atención, su vestimenta deportiva sí lo hará.

> **"Los comentaristas se quejaban de que se le permitiera a un portero jugar en la delantera, pero después de que yo marqué unos goles, se quejaban de que me hubieran puesto de nuevo en la portería."**

Ruud Gullit

En 1988, muchos comentaristas calificaron a Gullit como el mejor jugador del mundo por haber llevado a su equipo a ganar el Campeonato Europeo. Desde entonces, su carrera se ha visto interrumpida por lesiones y por discordias con el director técnico de la selección holandesa. Esto significó su exclusión del equipo nacional durante las eliminatorias para el Mundial de 1994, a finales de 1993, pero Gullit se encuentra en forma y espera formar parte del conjunto que representará a su país en EE.UU.

ENCUENTRA EL CAMINO

Gullit ha demostrado aptitud natural para el futbol desde que se unió al equipo juvenil Meerboys de Amsterdam a la edad de 8 años. A los 17 años ya era futbolista profesional y representó a Holanda por primera vez cuando cumplió 19 años.

Aunque hoy Gullit es un futbolista alto, fuerte y seguro de sí mismo, en sus primeros años era muy débil; aún a los 17 años, cuando formaba parte del equipo Haarlem, se le ponía a jugar en las alas para evitar el riesgo de lesiones; pero más tarde con el Feyenoord, equipo en el cual jugó partidos al lado de su héroe Johann Cruyff, Gullitt desarrolló su estilo de mediocampista que lo ha hecho tan famoso.

Era inevitable que cuando estaba en el pináculo de su carrera Gullitt despertara el interés de uno de los ricos clubes italianos y así fue que en 1987 el AC Milán lo contrató. Gullit y otros de los mejores jugadores del mundo han hecho del AC Milán el más sobresaliente equipo del mundo. Gullit, por su parte, con sus famosos rizos africanos y su impecable y efectivo juego en el medio campo, facilitando y

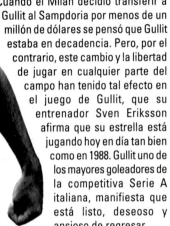

marcando goles, se ha convertido en uno de los jugadores más impresionantes y más fáciles de reconocer.

LESIONES Y DESAVENENCIAS

Una lesión de la rodilla derecha en 1989 le ocasionó a Gullit muchos problemas en años posteriores, aunque ese mismo año regresó a encabezar el triunfo del Milán en la Copa de Campeones de Europa. Después de salir lesionado en un empate a dos goles con Inglaterra, Gullit declaró que no volvería a jugar en la escuadra holandesa, a menos que se cambiara el estilo de juego. Cuando el Milán decidió transferir a Gullit al Sampdoria por menos de un millón de dólares se pensó que Gullit estaba en decadencia. Pero, por el contrario, este cambio y la libertad de jugar en cualquier parte del campo han tenido tal efecto en el juego de Gullit, que su entrenador Sven Eriksson afirma que su estrella está jugando hoy en día tan bien como en 1988. Gullit uno de los mayores goleadores de la competitiva Serie A italiana, manifiesta que está listo, deseoso y ansioso de regresar.

"El Mundial de Futbol en EE.UU. sería el marco ideal para terminar mi carrera futbolística internacional."

Gullit ha recuperado su forma y tiene sed de triunfo.

RUUD GULLIT
País: HOLANDA   Posición: MEDIOCAMPISTA

NACIDO:
el 1 de septiembre de 1962 en Amsterdam

CARRERA:
1979-82 Haarlem
1982-85 Feyenoord
1985-87 PSV Eindhoven
1987-93 AC Milán (Italia)
1993- Sampdoria (Italia)

HONORES:
Campeonato Holandés y Copa 1984 (Feyenoord); Campeonato Holandés 1986, 1987 (PSV Eindhoven); Campeonato Italiano 1988, 1992, 1993 (AC Milán); Campeonato Europeo 1988 (Holanda); Copa de Campeones de Europa 1989 (AC Milán); Campeonato Mundial de Clubes 1989, 1990 (AC Milán)

Debut Internacional: 1981

Thomas Hässler

El meteoro alemán

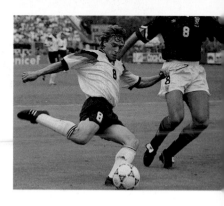

Hässler en acción durante el partido contra Escocia en el Campeonato Europeo de 1992.

La carrera futbolística de Thomas Hässler pasaba por una encrucijada al arribo del Campeonato Europeo de 1992. El pequeño Hässler no se dio por vencido y reaccionó con tal energía que ese año ganó el Balón de Oro por haber sido el jugador más sobresaliente del torneo. Como integrante del actual equipo campeón del mundo, Hässler es claramente uno de los ases futbolísticos del momento.

Hässler comenzó su carrera jugando para el club Meteoro de Berlín Occidental. A pesar de su baja estatura (1,67m), su físico era tal, que le valió para que el equipo Colonia decidiera integrarlo a su escuadra cuando sólo tenía 18 años.

En 1988, Beckenbauer llamó a Hässler a formar parte del conjunto alemán en el primer partido eliminatorio del Mundial de 1990 contra Finlandia en Helsinki. La victoria alemana 4–0 presagió el resultado final de este Mundial. Hässler permaneció en el conjunto alemán por la duración del torneo y fue uno de los que bailaron en el campo de juego para celebrar el triunfo alemán en la final.

REGRESO A ROMA

Poco antes del mundial de 1990, Hässler fue comprado por Juventus, el famoso equipo de Turín, por ocho millones de dólares, el tercer traspaso más costoso hasta la fecha. Después de una temporada, el nuevo director del equipo decidió comprar dos defensas alemanes con lo cual el número de extranjeros en Juventus estaba

---

THOMAS HÄSSLER
País: ALEMANIA Posición: MEDIOCAMPISTA

NACIDO:
el 30 de mayo de 1966, en Berlín Occidental

CARRERA
1984-90 Colonia
1990-91 Juventus (Italia)
1991-Roma (Italia)

HONORES:
Mundial de 1990 (Alemania);
Subcampeón del Campeonato Europeo de 1992 (Alemania).

Debut Internacional: 1988

---

muy por encima del límite legal. Eso ocasionó la transferencia de Hässler a otro club italiano, el Roma, por otro dineral.

En el Roma Hässler combinó fuerzas con su compañero alemán, Rudi Völler, y se esperaba que los dos produjeran muchos goles. Desafortunadamente Hässler, aunque todavía era ingenioso y efectivo en su función de apoyo, defraudó a todo el mundo. Dio la impresión de haber perdido el deseo de marcar goles.

Su recuperación llegó en la Navidad de 1991 cuando se dio cuenta de que su carrera estaba en peligro de desaparecer en una espiral de decadencia. Percibió la necesidad de tomar más la iniciativa en el campo de juego y adoptó una actitud positiva, decisión que le permitió mejorar de inmediato la eficacia de su juego, dejando atrás los malos tiempos.

El fuerte de Hässler es su capacidad de prever con certeza la secuencia del juego. Sus largos, precisos y osados pases son lo que esperan los artilleros alemanes, especialmente Klinsman. El mayor atributo personal de Hässler es su destreza para convertir en goles los tiros libres desde fuera del área, con la ayuda de Klinsman, quien juega en esto un valioso papel. Mientras Hässler se prepara para el disparo, Klinsman se sitúa a un extremo de la pared defensora y se agacha en sincronía con el tiro de Hässler, el cual se curva en su paso hacia la red. Dicho esto, en el Mundial de 1994, ningún equipo se podrá dar el lujo de brindarle a Hässler la más mínima oportunidad de efectuar su truco.

> **❝Realmente yo no sé cómo curvo mis disparos. Sólo basta concentrarme en dirigir el balón al punto deseado.❞**

Hässler hablando de su habilidad para convertir tiros libres en goles.

Jürgen Klinsmann

En plena acción, Jürgen Klinsmann es uno de los futbolistas más estimulantes. Es especialista en largas carreras desde el interior de su área, que frustran a muchos de sus rivales, incapaces de detenerlo. Klinsmann responde con destreza a los retos de los defensores y sus carreras normalmente terminan en un tiro a la portería.

Nadie es mejor que Klinsman como atacante solitario, papel que desempeñó muy bien en la segunda ronda del Mundial de 1990, cuando su compañero de ataque Rudi Völler fue expulsado durante el partido entre dos gigantes del futbol, Alemania y Holanda. Klinsmann mantuvo muy ocupada a la defensa holandesa con sus constantes arremetidas individuales. Al final del partido fue objeto de una ovación pública.

A Klinsmann lo descubrió su equipo local Stuttgart Kickers, el cual lo contrató cuando tenía 17 años. A los 20, fue transferido a VfB Stuttgart, lo cual le permitió jugar su primer partido en la primera división del futbol alemán. Sus efectivos ataques por las alas atrajeron la atención de los directivos de le selección alemana y a los 23 años tuvo su primera victoria contra Brasil. Ese mismo año Klinsmann fue el mejor goleador de la la liga alemana y en 1989 fue elegido Futbolista Alemán del Año.

LA EXPERIENCIA ITALIANA

Klinsman es muy sagaz y seguro de sí mismo, hasta tal punto que no tiene un agente que le negocie los contratos. Cuando el equipo Internazionale de Milán decidió comprarlo en 1989, el mismo Klinsmann firmó un contrato muy ventajoso que le garantizó una posición en un equipo de primera categoría. Todo salió muy bién al principio y Klinsmann se sentía muy a gusto jugando al lado de sus compañeros alemanes Lothar Matthäus y Andreas Brehme, especialmente

cuando Internazionale ganó la Copa de UEFA en 1991. Estos tres jugadores también formaron parte del equipo alemán que ganó la Copa del Mundo de 1990.

Pero la pasión y las presiones del futbol italiano afectaron negativamente su amor por el futbol y en 1991 se pasó a jugar con el Mónaco, cambiando así el "inferno" del estadio Meazza y sus 50.000 fanáticos por la tranquilidad del Mónaco y sus 5.000 seguidores. Klinsmann empezó a sacarle gusto al futbol de nuevo.

A medida que se aproximaba su 50ª victoria internacional, Klinsmann empezó a sufrir por su reputación como maestro en el arte de exagerar la gravedad de las faltas cometidas contra él para tratar de influenciar las decisiones del árbitro. Klinsmann dice que esto fue una etapa pasajera en su vida futbolística y que se debió a su dedicación y a su afán de triunfar. De todos modos, parece que a Klinsmann no le molestan estos comentarios; lo que le importa es poder contribuir a la victoria alemana en 1994.

final

EN 1991, Jürgen Klinsmann causó una sensación mundial al sugerir que se iba a retirar del futbol y que tenía intenciones de salirse del Internazionale de Milán y regresar a Alemania a continuar sus estudios universitarios. Pero al fin decidió aceptar el reto del club francés Mónaco.

❝ *El futbol es un gran negocio en Italia, pero el dinero no conduce necesariamante al éxito o al placer. Yo quería un cambio y los italianos no lo pudieron entender.* **❞**

Jürgen Klinsmann en acción durante la derrota de Suecia 3–1 en la semifinal del Campeonato Europeo de 1992.

JÜRGEN KLINSMANN

País: ALEMANIA Posición: DELANTERO

NACIDO:
el 30 de julio de 1964 en Goppingen

CARRERA:
1981-84 Stuttgart Kickers
1984-89 VfB Stuttgart
1989-91 Internazionale Milán
1991- Mónaco

HONORES:
Medalla Olímpica de bronce (Alemania Occidental) 1988;
2º lugar en la Copa de Europa (VfB Stuttgart) 1989;
Copa Mundial 1990; Copa de UEFA (Internazionale) 1991.
Debut Internacional: 1987

Paul McGrath

El gladiador esmeralda

La carrera futbolística de Paul McGrath ha sido una victoria contra el infortunio de las constantes lesiones en el terreno de juego. Desde el comienzo de su carrera en 1982 McGrath ha sufrido lesiones que han hecho necesarias 6 intervenciones quirúrgicas. En 1993 empezó su 12ª temporada con poco más de 300 partidos jugados solamente, número bastante bajo para un futbolista de su categoría. En la gran mayoría de estos partidos, McGrath representó a dos de los más importantes clubes ingleses, pero en el Mundial de 1994 representará a la República de Irlanda, selección en la cual se ha destacado como la figura clave.

El fuerte defensor irlandés Paul McGrath no quita la vista del esférico.

En sus primeros años, McGrath jugaba para una liga local en Dublín, mientras trabajaba en un hospital como guardia de seguridad; en 1981 Ron Atkinson, director técnico del Manchester United, lo descubrió y lo contrató.

Las lesiones comenzaron a afectarlo desde el principio, limitando sus actuaciones en las cuatro primeras temporadas a sólo 46 partidos. Sus destrezas también se hicieron notar desde un principio, especialmente sus tiros de cabeza y sus perfectos pases, su habilidad para prever la dirección del juego y el sentirse a gusto con el balón, cualidades todas que usa efectivamente como defensor central. Por ser alto, fuerte y sorprendentemente veloz para un jugador de su corpulencia, en ocasiones Manchester United lo ha alineado en el medio campo.

MEDIOCAMPISTA IRLANDES

McGrath inició su carrera con la selección irlandesa poco antes de la llegada de Jackie Charlton como director técnico, quien inmediatamente notó su destreza como mediocampista. Su compañero Kevin Moran opina que "McGrath se sitúa delante de los defensas, lanza efectivos avances, tiene gran energía y refuerza el medio campo". McGrath brilló con su futbol en el Campeonato Europeo en 1988 y en el Mundial de 1990, cuando su país clasificó por primera vez. Debido a diferencias con su director técnico, McGrath fue transferido al club inglés Aston Villa, el cual resurgió con su llegada. Mejorado de sus lesiones y de nuevo jugando como defensor central, McGrath se desempeñó impecablemente en las eliminatorias para el Mundial de 1994. En EE.UU. se espera que McGrath no sólo se luzca como defensa, sino que también produzca avances y ataques brillantes.

> **"McGrath es probablemente el jugador de más talento que he tenido en el Manchester United."**
>
> *Alex Ferguson, director técnico del Manchester United.*

McGrath al ataque contra el danés Brian Laudrup.

PAUL McGRATH
País REPÚBLICA DE IRLANDA Posición DEFENSA

NACIDO:
el 4 de diciembre de 1959 en Londres

CARRERA:
1982-89 Manchester United
1989-Aston Villa

HONORES:
Copa de la Federación Inglesa 1985 (Manchester United)

Debut Internacional: 1985

SCORE!

Diego Maradona

Diego Maradona fue sin duda el mejor jugador del mundo en 1986, cuando, como capitán, llevó a Argentina a la victoria en el Mundial. La adulación, el dinero y las presiones que acompañaron la fama le ocasionaron vertiginosos altibajos en su carrera. Además, las lesiones a manos de sus adversarios amenazaron con poner fin prematuro a sus ambiciones. A pesar de todo, Maradona se ha sobrepuesto a estas circunstancias y el Mundial de 1994 le ofrece una última oportunidad de despedirse del futbol mundial con aplausos y no con abucheos y lágrimas.

LOS CEBOLLITAS

El talento futbolístico de Maradona se destacó desde temprana edad. Diego creció en un barrio pobre de Buenos Aires en donde contribuyó a la formación del equipo Los Cebollitas. Más tarde el Argentinos Juniors se hizo cargo del equipo completo con el fin de hacerse de Maradona. A partir de entonces, una serie de clubes, incluido el Barcelona, pagaron un dineral por tener a Maradona en su escuadra. (Los derechos de transferencia, sin incluir salarios, le han costado a cada uno de estos clubes un promedio de 80.000 dólares por cada uno de los 300 partidos que Maradona ha jugado).

Maradona es pequeño, pero robusto, con piernas musculosas y pecho fuerte. En su apogeo, era casi imposible quitarle el balón debido a su diestro control del esférico y su destreza en esquivar los ataques. En el Mundial de 1986 Maradona marcó dos de los goles más espectaculares en la historia del futbol, contra Bélgica e Inglaterra.

FRUSTRACIÓN Y SUSPENSIÓN

Maradona fue la fuerza que llevó a Argentina a la final del Mundial de 1990, partido que terminó en lágrimas de frustración por la derrota de su equipo a manos de Alemania.

En 1991, cuando jugaba para el equipo italiano Nápoles, Maradona fue suspendido por 15 meses a causa de delitos relacionados con drogas. Inicialmente regresó a su país y más tarde se trasladó a España a jugar para el Sevilla por 4 millones de dólares. Después de jugar sólo 24 partidos, se le canceló el contrato y Maradona

¿Ultima oportunidad?

regresó de nuevo a Argentina, esta vez a jugar para el equipo Newell's Old Boys.

Maradona se incorporó a la selección argentina a tiempo para las eliminatorias contra Australia, ganadora del grupo de Oceanía, para decidir el último participante en el Mundial de 1994. Habiendo puesto un gran esfuerzo en recuperar su forma, era ahora una versión más delgada, aunque menos veloz, del Maradona del Mundial anterior. Aunque aún conserva su estilo ingenioso y hábil, fue su perseverancia en el primer partido lo que le permitió recuperar el balón que había perdido y disparar un centro preciso que Balbo cabeceó efectivamente para poner a Argentina a la delantera. Este partido terminó en empate a un gol,

DIEGO MARADONA
País: ARGENTINA   Posición: MEDIOCAMPISTA

NACIDO:
el 30 de octubre de 1960 en Lanus, Buenos Aires

CARRERA:
1976-1980 Argentinos Juniors
1980-82 Boca Juniors
1982-1984 Barcelona (España)
1984-1991 Nápoles (Italia)
1993 Sevilla (España)
1993- Newell's Old Boys

HONORES:
Copa Mundial Juvenil 1979 (Argentina); Campeonato Argentino 1981 (Boca Juniors); Copa Española 1983 (Barcelona); Copa Mundial 1986 (Argentina); Campeonato y Copa Italianos 1987 (Nápoles); Copa de UEFA 1989 (Nápoles); Campeonato Italiano 1990 (Nápoles)
Debut Internacional: 1977

pero en el 2º encuentro, en Buenos Aires, Maradona llevó a su escuadra a la victoria, asegurando así el último pase para EE.UU.

> *Jugar futbol ahora es como aprender a caminar de nuevo. Para mí no hay nada más maravilloso. Por esto tenía que regresar.*

Diego Maradona fue la superestrella de la década de 1980.

Lothar Matthäus

Hombre de acción

El capitán de la escuadra alemana, Lothar Matthäus, personifica el futbol alemán: fuerte, luchador y dedicado a su equipo. Matthäus, es un dínamo humano, un hombre de acción. Nadie diría que es un jugador sutil.

Como mediocampista derecho, Matthäus gana el balón con sólidos ataques y cuando lanza su ofensiva lo hace por la ruta más directa. En el Mundial de 1990, Matthäus se destacó por su efectiva penetración con el esférico y por su fulminante habilidad de bombardear la portería sin desperdiciar oportunidad alguna; en total marcó cuatro goles, incluyendo un notable esfuerzo individual contra Yugoslavia.

WorldCup
USA94

Matthäus, originario de Herzogenaurach, ciudad famosa por adidas y Puma, conocidos fabricantes de artículos deportivos, estudió diseño y decoración. Al mismo tiempo jugaba futbol de una manera tan fuerte y agresiva que contrariaba fácilmente a muchos árbitros. A los 18 años se unió al equipo Borussia Mänchengladbach y al poco tiempo hizo su debut con la escuadra alemana.

UNA MUESTRA DE CALIDAD MUNDIAL

En el Mundial de 1982, Matthäus formó parte del conjunto alemán, pero sólo jugó dos veces como titular. En 1984, cuando el Bayern Munich lo compró, fue ascendido a jugador de planta en la escuadra alemana y en 1993 representó a su país por la 103ª vez, igualando el récord de Franz Beckenbauer. Después de ganar muchos honores en su país, Matthäus se unió al Internazionale de Milán por 5 millones de dólares. En 1990, cuando llevó la escuadra alemana a la victoria en Italia, fue elegido Futbolista Alemán del Año.

En 1992 fue transferido una vez más a Bayern Munich. En este mismo año, recibió una lesión en la rodilla que le impidió participar en el Campeonato Europeo, pero un año más tarde está de nuevo listo para jugar, como siempre, con coraje por su país.

Lothar Matthäus levanta el trofeo máximo del futbol, la Copa del Mundo, en 1990.

> **"** *El día ha de llegar cuando yo pueda leer en el periódico del viernes lo bien que jugó Matthäus el sábado siguiente.* **"**

ULI HOENESS, *director técnico de Bayern Munich, hablando de la adulación excesiva de Matthäus por parte de la prensa de Munich.*

A PESAR de que en su primer partido en el Mundial de 1986, se rompió la muñeca, Matthäus jugó en todos los encuentros y en la final fue el responsable de marcar a Maradona. Matthäus puso todo su empeño en esta tarea, jugó un partido excelente y logró ejercer más control sobre Maradona que otros defensores en previos encuentros. Solamente después del Campeonato se supo en qué condiciones había jugado el torneo.

EIN CHT D DROGEN

LOTHAR MATTHÄUS
País: ALEMANIA   Posición: MEDIOCAMPISTA

NACIDO:
el 21 de marzo de 1961 en Erlangen

CARRERA:
1979-84 Borussia Mänchengladbach
1984-88 Bayern Munich
1988-92 Internazionale de Milán
1992- Bayern Munich

HONORES:
Campeonato de Alemania Occidental 1985, 1986, 1987; Copa de Alemania Occidental 1986 (con Bayern Munich); Campeonato Italiano 1989; Copa de UEFA 1991 (con Internazionale de Milán); Mundial 1990.

Debut Internacional: 1980

Viktor Onopko

Viktor Onopko fue elegido Futbolista Ruso del Año en 1993, a pesar de haber nacido en Ucrania, hablar ruso con acento ucranio, estar casado con una ucrania y considerarse ucranio de por vida. Onopko, como muchos otros deportistas soviéticos, ha visto su carrera y su vida envueltas en el torbellino político causado por la desaparición de la Unión Soviética. Por esta razón, Onopko trató sin éxito de emigrar con un pasaporte falso, pero al fin optó por representar a Rusia a nivel internacional.

En 1987, cuando apenas tenía 18 años de edad, Onopko fue contratado por el equipo Shakhtyor como defensa izquierdo; pronto mejoró su destreza y más tarde, en 1992, se incorporó al equipo Moscú Spartak.

Onopko aún no era muy bien conocido cuando le causó una buena impresión a Anatoli Byshovets, el director del equipo de la CEI (Confederación de Estados Independientes, organización que reemplazó a la Unión Soviética como entidad deportiva). En 1992 Onopko hizo su debut internacional como titular en el minuto 52 de un partido amistoso contra Inglaterra en Moscú.

VICTORIA CONTRA GULLIT

Onopko formó parte de la escuadra de la CEI que participó en el Campeonato Europeo de Suecia en 1992 y también jugó como titular en un partido contra Alemania. En su primer partido como miembro del plantel principal contra Holanda, su desempeño fue excelente, siendo capaz de neutralizar a Gullit.

Un poco antes de este partido, Onopko había planeado continuar su carrera futbolística en Europa Occidental. Su hermano Sergei le había dado un pasaporte falso con la intención de ayudarlo a salir de Rusia, pero el truco falló. Viktor trató de explicar su acción diciendo "Sergei tiene más tiempo que yo". Sergei, cuatro años más joven que Viktor, fue miembro de la escuadra olímpica ucrania y es jugador en el Shakhtyor.

En la primera temporada del nuevo Campeonato Ruso, Onopko afianzó su posición jugando para el Moscú Spartak, ganador del título ese año. Esa misma temporada Onopko fue elegido Futbolista Ruso del Año por los periodistas deportivos de su país.

Onopko se ha especializado en una posición de ataque en el medio campo y se siente a gusto en el costado izquierdo del campo de juego. Como aún tiene el deseo de jugar en

VIKTOR ONOPKO
País: RUSIA Posición: MEDIOCAMPISTA

NACIDO:
el 14 de octubre de 1969 en Ucrania

CARRERA:
1987-91 Shakhtyor Donetsk
1992- Spartak de Moscú

HONORES:
Campeonato Ruso 1993
Debut Internacional: 1992

Europa Occidental, el director del Spartak le ofreció la oportunidad de transferencia, pero la llegada de Rusia a la semifinal de la Copa de Campeones de Europa en 1993 y la clasificación rusa, persuadieron a Onopko de quedarse en su país para el Mundial de 1994.

Onopko es un admirador de la cultura occidental, le gusta el actor Marlon Brando, el grupo Queen y maneja un Nissan.

"Sería imperdonable que yo dejara de tomar parte en el Mundial de 1994, porque seguramente será la única oportunidad de mi carrera."

Frank Rijkaard

El imperturbable

La suerte favoreció a Frank Rijkaard en lo que al futbol se refiere. A los 17 años hizo su debut como jugador de liga, representó a su país a los 19 y ganó una medalla de campeonato antes de los 20. Todo parecía fácil, tal vez demasiado fácil. Su única falla parece ser que, por la confianza que tiene en sus habilidades, toma las cosas con despreocupación, con excesiva calma.

Rijkaard nació en Surinam, de padre holandés y madre surinamesa, pero se crió en Amsterdam, donde su mejor amigo de infancia fue Ruud Gullit. Cuando Gullit se unió al Haarlem, Rijkaard comenzó su carrera con el Ajax. A los 18 años fue seleccionado para representar a su país en un encuentro con Suiza y fue reemplazado por el suplente Gullit en el segundo tiempo.

Rijkaard se estableció como mediocampista defensor y pronto comenzó a llenarse de honores: 3 campeonatos y 3 copas. En 1987, cuando el Ajax ganó la Copa de Ganadores de Europa, varios clubes empezaron a mostrar interés en Rijkaard. Para evitar su partida, Johann Cruyff, el director técnico del Ajax en esa época, lo hizo capitán del equipo, pero tan pronto se terminó su contrato con Ajax, Rijkaard firmó otro con PSV Eindhoven. Al mismo tiempo Ajax había aceptado traspasar a Rijkaard al Sporting Lisboa, lo que ocasionó una pausa en su carrera mientras la Asociación Holandesa de Futbol resolvía la situación. Al fin se decidió su traspaso al Sporting Lisboa, pero como el plazo ya se había vencido, Rijkaard terminó esta temporada prestado al Real Zaragoza de España.

EL EXITO MILANÉS

El AC Milán intervino para resolver la situación comprando a Rijkaard, quien junto con su amigo Gullit y su compatriota Marco van Basten, vio a su equipo dominar el mundo del futbol por dos temporadas. Rijkaard jugaba entonces como defensor central, posición que también ocupó en 1988 cuando formó parte de la selección de su país en la final del Campeonato Europeo. En esta posición Rijkaard también hizo uso de sus múltiples habilidades, las cuales le permitían intentar marcar goles en un extremo del campo, así como detenerlos en el otro. La sorpresiva derrota del AC Milán en la final de la Copa de Europa en 1993 llevó a la disolución parcial de éste, lo que hizo posible que pudiera regresar al Ajax con su destreza

intacta. La actuación de Rijkaard en el Mundial de 1990 fue muy decepcionante, especialmente su expulsión por escupir al alemán Rudi Völler después de un altercado. En el Mundial de 1994, Rijkaard necesita conservar la calma en el campo de juego, así como lo hace fuera de él, si quiere que su país alcance el éxito.

> **"Rijkaard es un gran jugador en todas las posiciones."**
>
> *César Luis Menotti, exdirector técnico de Argentina.*

WorldCup USA94

GOAL!

Rijkaard intentará causar una buena impresión en 1994 después de su desastrosa actuación en 1990.

FRANK RIJKAARD
País: HOLANDA   Posición: MEDIOCAMPISTA

NACIDO:
el 30 de septiembre de 1962 en Surinam

CARRERA:
1980-88 Ajax Amsterdam
1988 Real Zaragoza (España)
1988-93 AC Milán (Italia)
1993- Ajax Amsterdam

HONORES:
Campeonato Holandés 1982, 1983, 1985; Copa Holandesa 1983, 1986, 1987; Copa de Ganadores de Europa 1987 (Ajax Amsterdam) Campeonato Italiano 1988, 1992, 1993; Copa de Campeones de Europa 1989, 1990; SuperCopa de Europa 1989, 1990; Campeonato Mundial de Clubes 1989, 1990 (AC Milán); Campeonato de Europa 1988 (Holanda)

Debut Internacional: 1981

Romario

Romario desempeña con brillantez su tarea de marcar goles. Desafortunadamente, su carácter arrogante y su temperamento voluble, junto con un juego que se basa más en instinto e inspiración que en disciplina y preparación, causan a menudo consternación entre sus compañeros de equipo. Romario se ha hecho notable por su falta de constancia en el entrenamiento y por sus ausencias, a veces sin permiso, después de las cuales reaparece en Río, su ciudad natal.

En su adolescencia, Romario jugó en el equipo Olario Junior. En un encuentro amistoso contra el Vasco da Gama, la actuación de Romario produjo cuatro goles espectaculares y como resultado la oposición lo contrató inmediatamente. En 1986 y 1988 fue el goleador de su nuevo equipo, con un total de 73 goles en 123 partidos. En los Olímpicos de Seúl en 1988, cuando Romario jugó como alero izquierdo (porque Careca ocupaba entonces la posición media), terminó como goleador con un total de 7 goles. Poco después fue contratado por el club holandés PSV Eindhoven.

ODIO O AMOR

En sus cinco años con Eindhoven, Romario a menudo parecía obeso y lento, sufría lesiones con frecuencia y le era difícil mantener buenas relaciones con sus compañeros de equipo. "Se quejan de las cosas que no hago, como defender bien y trabajar duro". Romario también detestaba el clima frío.

A pesar de todo, en las tres primeras temporadas con Eindhoven, Romario fue el goleador de la liga holandesa con 67 goles en 69 partidos, pero una lesión de la tibia retrasó su progreso en la temporada de 1991/92. En total Romario marcó, más que todo con su potente pie izquierdo, 123 goles para PSV Eindhoven. Uno

Romario se ha dado cuenta de que el clima español ha beneficiado su juego.

Romario podría ser uno de los jugadores más destacados e interesantes del Mundial de 1994.

de estos últimos fue el producto de un impresionante esfuerzo individual contra el AC Milán en la Copa de Campeones de Europa de 1993, partido que persuadió a Johann Cruyff, director técnico del Barcelona, a invertir 4 millones de dólares en Romario.

El clima español le sentó muy bien y en su primer encuentro Romario celebró su buen estado físico y mental marcando tres goles. En el Mundial de 1990, sólo jugó 65 minutos. Años después, se le excluyó de las eliminatorias del Mundial de 1994 por sus declaraciones temperamentales en contra de Careca y Bebeto. Sin embargo, Carlos Parreira lo incluyó de nuevo en el vital partido contra Uruguay, favor que Romario devolvió cón dos goles tardíos que le trajeron a Brasil la clasificación. Prodigio o no, si Romario se desempeña de esta manera en EE.UU., será un espectáculo digno de ver.

❝_Los jugadores holandeses deberían cerrar la boca, usar su energía en los partidos y dejarme a mí los goles._**❞**

Romario, hablando de las críticas por parte de sus compañeros del PSV Eindhoven.

final

CUANDO ROMARIO contrajo matrimonio la ceremonia se celebró en el centro de un campo de futbol.

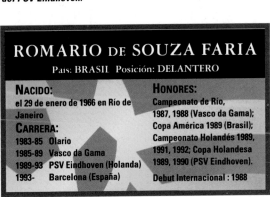

ROMARIO DE SOUZA FARIA
País: BRASIL   Posición: DELANTERO

NACIDO:
el 29 de enero de 1966 en Río de Janeiro

CARRERA:
1983-85   Olario
1985-89   Vasco da Gama
1989-93   PSV Eindhoven (Holanda)
1993-   Barcelona (España)

HONORES:
Campeonato de Río, 1987, 1988 (Vasco da Gama); Copa América 1989 (Brasil); Campeonato Holandés 1989, 1991, 1992; Copa Holandesa 1989, 1990 (PSV Eindhoven).

Debut Internacional : 1988

Oscar Ruggeri

El trotamundos

Oscar Ruggeri es el defensa central que se estableció como capitán de la selección argentina cuando se excluyó a Maradona del futbol internacional. Desde un principio manifestó la misma inspiración y energía que su antecesor, el defensa Daniel Passarella, quien llevó a su país a la victoria en el Mundial de 1978. Es muy posible que en el Mundial de 1994 Ruggeri y Maradona sean los únicos representantes del equipo que ganó el Mundial de México en 1986.

Ruggeri empezó a destacar en 1980 cuando jugaba para el Boca Juniors. Aunque su actuación, fuerte y segura, carecía de brillo y sutileza, pronto ganó su primer honor cuando su equipo obtuvo el Campeonato Argentino. Debido a disputas financieras con los directivos del Boca Juniors, Ruggeri pasó al River Plate, el equipo rival. Ruggeri es uno de los pocos futbolistas que han jugado para ambos conjuntos.

AÑO DIGNO DE RECORDAR

En 1986, cuando Ruggeri apenas tenía 24 años, su equipo, el River Plate, ganó el Campeonato Sudamericano (Copa Libertadores) y el Mundial de Clubes venciendo al Steaua de Bucarest; además formaba parte de la selección argentina que triunfó en el Mundial de México. Su efectividad en el terreno de juego atrajo la atención del equipo español Logroñés que lo sedujo con una oferta muy lucrativa. Su status profesional realmente se encumbró cuando Ruggeri fue comprado por el legendario Real Madrid, uno de los clubes más famosos del mundo. En contraste con lo que se esperaba, su carrera con el Real Madrid no fue muy brillante, debido a las frecuentes lesiones que sufrió y a que normalmente se le alineaba como defensa izquierdo, posición en la que se sentía incómodo. Después de esta frustrante temporada y de la desilusionante actuación de su país en el Mundial de 1990, Ruggeri regresó a Argentina a jugar en un club local, el Vélez Sarsfield. Un tiempo después regresó a Europa a integrarse al Ancona de Italia y en 1992 se unió al América de México.

De 1991 a 1993 Ruggeri reemplazó a Maradona como capitán del seleccionado argentino. Ruggeri es un líder que sabe motivar a su equipo con acciones ejemplares y cuya posición de defensa no le impide hacer incursiones necesarias al campo enemigo en busca de goles. Ruggeri encabezó la escuadra argentina que ganó la Copa América en 1991; su impresionante actuación en 1993 no sólo contribuyó a que su equipo retuviera la copa, sino que también le permitió igualar el récord de Maradona: 81 partidos internacionales representando a su país.

Es muy probable que en 1994 Ruggeri participe en un Mundial por última vez, pero, capitán o no, se espera que luche palmo a palmo por la victoria de su equipo.

> **"Como futbolista ha ganado de todo y aun así es el mismo que cuando no tenía nada."**
>
> *Maradona, compañero de Ruggeri desde 1980 en Boca Juniors.*

El ganador de muchos trofeos, Oscar Ruggeri, levantando el último, la Copa América de 1993 (arriba derecha).

WorldCup USA94

OSCAR RUGGERI

País: ARGENTINA   Posición: DEFENSA

NACIDO:
el 25 de enero de 1962 en Corral de Bustos, Córdoba, Argentina

CARRERA:
1980-84: Boca Juniors
1984-87: River Plate
1987-89: Logroñés (España)
1989-90: Real Madrid (España)
1990-91: Vélez Sarsfield
1991-92: Ancona (Italia)
1992-: América (México)

HONORES:
Campeonato Argentino 1981 (Boca Juniors), 1986 (River Plate); Copa Libertadores 1986, Mundial de Clubes 1986 (River Plate); Mundial 1986 (Argentina), Copa América 1991, 1993 (Argentina).

Debut Internacional: 1984

Erwin Sánchez

La clasificación de Bolivia para el Mundial de 1994 fue una gran sorpresa. Lo que no sorprendió a los expertos del futbol fue que el centrocampista Erwin Sánchez por fin ganara fama en un certamen internacional. Sus admiradores lo llaman "Platini", en honor al famoso artillero francés de la década de 1980, por poseer, según ellos, las habilidades de este último: su técnica, sus feroces cañonazos, su velocidad y su intuición en el ataque. Pero, a diferencia de Platini, Sánchez no ha podido establecerse en el escenario europeo.

Esto no es nuevo, pues ningún jugador boliviano ha triunfado en Europa. Las razones atribuidas incluyen un físico no muy fuerte, falta de confianza y falta de oportunidades de lucirse con su equipo nacional. Pero ahora esto está a punto de cambiar y nadie está mejor preparado para lograrlo que Sánchez. En primer lugar, es producto del notable club juvenil Tahuichi de Santa Cruz, el cual ostenta fama mundial de entrenar adolescentes de gran talento, para quienes el club es no sólo una academia, sino también un hogar.

LOS "ESPÍAS" EUROPEOS

A los 18 años, tan pronto como se unió al club Bolívar, Sánchez empezó a representar a Bolivia a nivel internacional. En 1989, jugó magistralmente, aunque sin éxito, en la Copa América en Brasil. Sánchez impresionó de tal manera a los "espías" europeos que en el otoño de 1990, después de duras negociaciones, el Benfica de Lisboa ganó la batalla para

final

AL LADO DE SÁNCHEZ en el Mundial de 1994 aparecerán otras estrellas productos del Tahuichi: los defensores José Rivero y Luis Cristaldo y el delantero Marco Etcheverry.

Sánchez en un encuentro contra Uruguay en 1993.

ERWIN SANCHEZ

País: BOLIVIA   Posición: MEDIO CAMPISTA

NACIDO:
el 19 de octubre de 1969 en Santa Cruz
CARRERA:
1986-1990 Bolívar

1990-1991 Benfica (Portugal)
1991-1992 Estoril (préstamo)
1992- Boavista (préstamo)

Debut Internacional: 1988

agregarlo a su plantel.

Desafortunadamente Sánchez se vio abrumado por la vida en Europa y, aunque tuvo periodos aislados de esplendor, fracasó en su intento de introducir al Benfica el futbol efectivo y lustroso que lo hizo famoso en Bolivia. Como resultado, Sánchez fue prestado al Estoril y después al Boavista de Oporto.

Entre tanto, Erwin continuaba siendo un héroe en Bolivia, donde el solo hecho de haber ganado el papel de "futbolista exiliado" aumentó su fama, la cual quedó confirmada una vez más en las rondas de clasificación para el Mundial de 1994. En el primer partido de éstas, Sánchez anotó 2 de los 7 tantos de la goleada que su equipo infligió a la selección venezolana. Sánchez también contribuyó decisivamente a la crucial victoria de 3–1 sobre Uruguay en La Paz y desempeñó un papel clave en el empate a un gol con el Ecuador, el cual aseguró la participación de su país en el Mundial de EE.UU.

El club Tahuichi a lo largo de su existencia ha proporcionado mucho placer a los aficionados estadounidenses de la Copa Juvenil de Dallas y en esta oportunidad uno de sus egresados va a demostrar su impresionante progreso.

Enzo Scifo

El retorno de Enzo

Enzo Scifo comenzó a dar señas de sus habilidades futbolísticas cuando tenía apenas 7 años. Cuando era adolescente, el director de su equipo opinó que Scifo "no es más grande que una hoja de hierba pero tiene una gran aptitud natural para el futbol". A los 18 años Scifo ya era un futbolista internacional, pero su progreso meteórico empezó a frenarse. En el Mundial de 1990 su carrera recobró su ritmo vertiginoso y se espera que en el Mundial de 1994 esté en su apogeo.

Scifo es el tercer hijo de una familia siciliana que emigró a Bélgica a buscar trabajo en Bruselas. Enzo (abreviación de Vicenzo) se unió al club de su hermano a los 7 años y en su adolescencia demostró ser un artillero tan prolífico que Anderlecht lo contrató. Hizo su debut en la liga belga a los 17 años y se convirtió inmediatamente en un goleador de mucho éxito.

Durante la Copa de EUFA en 1983/84, su desempeño le despertó el interés al seleccionador italiano Enzo Bearzot, quien se dio cuenta de que Scifo podía jugar en la selección italiana ya que sus padres eran italianos.También, gracias a Bearzot, el club italiano Atalanta se interesó en Scifo, pero su lealtad por el Anderlecht lo hizo quedarse en Bélgica y adoptar la nacionalidad belga. A los 18 debutó representando a su país en el Campeonato de Europa y en 1986 jugó en la selección belga en su mejor momento, cuando llegaron a la semifinal.

DESILUSIÓN ITALIANA

Para esta época Scifo había alcanzado una madurez futbolística caracterizada por un buen control del balón y un cañón impresionante. El dinero italiano triunfó al final y Scifo se integró al Internazionale de Milán. La presión del futbol italiano le ocasionó tal efecto adverso, que después de un año fue transferido primero al equipo Bordeaux y luego al Auxerre de Francia.

Parecía que había llegado al final de su carrera, pero durante el Mundial de 1990, Scifo demostró que su talento no lo había abandonado, a pesar de que Bélgica salió eliminada en la segunda ronda. Inmediatamente Turín se lo compró a Internazionale y Scifo empezó su segundo intento de convencer a los exigentes italianos. Gracias a su madurez y a su sólida actuación Scifo tuvo éxito y su presencia en el equipo contribuyó a que Turín alcanzara la final de la Copa de UEFA en 1992, aunque perdió por un pequeño margen ante el Ajax Amsterdam.

A causa de problemas financieros, el Turín tuvo que vendérselo más tarde al equipo francés Mónaco, lo cual sorpresivamente mejoró su carrera.

Scifo elude a dos defensores de las Islas Faroe en un partido clasificatorio para el Mundial de 1994. Bélgica ganó 3-0.

> " *Era muy joven para integrarme a un equipo como Internazionale. Esperaban que fuera otro Platini, pero a los 21 yo no tenía la madurez necesaria.* "

Scifo fue un joven prodigio en 1986, un buen perdedor en 1990 y en 1994 será ... ¿triunfador?

ENZO SCIFO	
País: BELGICA **Posición:** MEDIOCAMPISTA	
NACIDO: el 19 de febrero de 1966 en Le Louviére	1993- Mónaco
CARRERA:	**HONORES:** Subcampeón de la Copa de UEFA 1984; Campeonato Belga 1985, 1986; Copa Belga 1985, 1987 (con Anderlecht); Subcampeón de la Copa de UEFA 1992 (Turín)
1982-87 Anderlecht 1987-88 Internazionale Milán 1988-89 Bordeaux 1989-90 Auxerre 1990-93 Turín	Debut Internacional: 1984

Carlos Valderrama

Debe haber pocos jugadores que anhelen tanto su participación en el próximo Mundial como el capitán de la escuadra colombiana, Carlos Valderrama, a quien se le conoce como el "Gullit sudamericano", no sólo por sus rizos, sino también por su talento futbolístico.

La reputación de Valderrama se remonta a la Copa América de 1987 en Argentina. Allí le arrebató la fama a Diego Maradona cuando Colombia derrotó al país anfitrión en la batalla por la tercera posición. El siguiente diciembre fue elegido Futbolista Sudamericano del Año como resultado de una prestigiosa encuesta organizada por el periódico venezolano *El Mundo*.

Valderrama, hasta entonces desconocido debido al relativo aislamiento del futbol colombiano, en realidad ya había hecho su debut internacional en 1983 en un encuentro contra Chile.

UNA FAMILIA DE FUTBOLISTAS

El talento de Valderrama fue descubierto por los grandes clubes del futbol colombiano a los 17 años de edad, cuando participó en un torneo juvenil. Carlos no era el primer Valderrama que se destacara en el futbol.

CARLOS VALDERRAMA	
País: COLOMBIA Posición: MEDIOCAMPISTA	
NACIDO: el 2 de septiembre de 1961	1983-1988 Deportivo Cali
	1988-1991 Montpellier (Francia)
	1991-1992 Valladolid (España)
CARRERA	1992-93 Medellín
1978-1982 Unión Magdalena	1993- Atlético Junior,
1982-1983 Millonarios, Santa	Barranquilla
Fe de Bogotá	Debut Internacional: 1983

Su hermano Alan había jugado para el club local Unión Magdalena; otro de sus hermanos, Roland, se hizo jugador juvenil internacional y otro jugó para el Atlético Junior y para el Club Millonarios.

El punto de partida para su carrera fue el club local Unión Magdalena, pero Valderrama era muy buen jugador para permanecer allí por mucho tiempo. En 1982 se trasladó a Bogotá a jugar para el club Millonarios, pero allí no se sintió muy a gusto y aprovechó la primera oportunidad que se le ofreció para unirse al Deportivo Cali y establecer su hogar en la sede de su nuevo equipo.

ASTRO RECHAZADO

El club francés Montpellier compró a Valderrama en 1988, pero su primera temporada allí fue muy poco exitosa y por esta razón se trató de venderlo al siguiente verano. Desafortunadamente nadie lo quería y Valderrama se quedó con el Montpellier. Con el tiempo, recuperó su forma, ayudó a Colombia a llegar a la segunda ronda del Mundial de 1990 y luego llevó a Montpellier a los cuartos de final de la Copa de Ganadores de Europa. Más tarde Valderrama se trasladó a España a colaborar con el antiguo director técnico de la escuadra colombiana, Francisco Maturana, en el club Valladolid. Desafortunadamente el estilo del futbol español no se acomodó a su temperamento o a su talento y por esto en 1992 regresó a Colombia, donde recobró su lugar en el conjunto nacional y está ahora a punto de resurgir al más alto nivel en el Mundial de 1994.

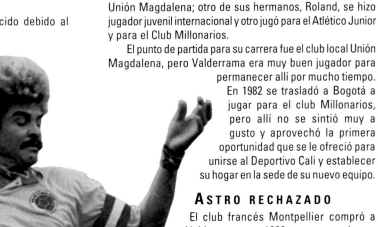

Valderrama en acción durante el partido clasificatorio contra Uruguay.

Zague

El "brasileño" nómada

No son muchos los jugadores que dada la oportunidad de jugar para Brasil elegirían otro equipo, excepto Luis Roberto Alves –conocido en México como "Zague" o "Zaguinho". En 1993, el destacado desempeño de Zague en la Copa de Oro de CONCACAF ocasionó que tanto el entrenador de la escuadra brasileña, Carlos Alberto Parreira, como los medios de comunicación de Brasil expresaran su arrepentimiento y perplejidad por no tener a Zague en la selección brasileña.

Zague creció en Brasil aunque nació en México; se ha destacado en el futbol mexicano no sólo por su excelente técnica y su juego efectivo en cualquier parte del área enemiga, sino también por su estatura y por su apariencia y acento brasileños.

El Mexicano

El padre de Zague, conocido en su época con este mismo nombre, jugó para el club mexicano América en la década de 1960. Cuando su padre regresó al Brasil junto con su familia, Luis Roberto sólo tenía dos años, pero su vínculo con su país natal ocasionó que en la escuela lo apodaran más tarde "el mexicano".

Tan pronto comenzó a jugar futbol, el talento heredado de su padre empezó a surgir y se le empezó a llamar "Zaguinho". Más adelante, después de que su padre se retirara, heredó por derecho el apodo "Zague", nombre que adquirió fama internacional después de los doce goles que marcó en la Copa de Oro de CONCACAF en 1993, la cual culminó con la victoria de México.

Aunque tenía derecho de formar parte de la selección de México (por nacimiento) o la brasileña (por la nacionalidad de su padre), Zague nunca tuvo duda alguna de querer representar a México, adonde había regresado en su adolescencia a jugar con el América. Zague se siente más mexicano que brasileño.

Rivalidad entre atacantes

A pesar de todos los goles marcados por Zague en la Copa de Oro de CONCACAF en 1993, sólo se le seleccionó como suplente para la Copa América en el Ecuador, unas semanas más tarde. Sin embargo, rápidamente se abrió camino como compañero de ataque del veterano Hugo Sánchez, forzando así a Luis García, del Atlético Madrid, a ocupar la banca de los suplentes en uno de los partidos. Más tarde Sánchez corrió la misma suerte. Entre su selección para la escuadra mexicana y esta Copa América, Zague jugó 22 partidos internacionales y anotó 15 goles, para satisfacción de su entrenador, César Luis Menotti, quien lo había escogido inicialmente. Por fortuna, el sucesor de Menotti, Miguel Mejía Barón, lo valora de la misma manera.

Un buen augurio para México, una frustración para Brasil.

WorldCup USA 94

Zague escogió representar a México en el Mundial de 1994, pero espera jugar como un brasileño.

ZAGUE (Luis Roberto Alves)
País: MEXICO Posición: DEFENSA

NACIDO:
el 28 de mayo de 1967 en Ciudad de México

CARRERA:
1984-1987 Sao Paulo (Brasil)

1987- América (México)

HONORES:
Campeonato Mexicano 1987, 1988

Debut Internacional: 1990

Andoni Zubizarreta

Uno de los mejores resultados de España en las eliminatorias para el Mundial de 1994 fue la victoria sobre la República de Irlanda por 3–1 en Dublín. Fue una gran ocasión también para el capitán y guardameta español, Andoni Zubizarreta, quien completó con este encuentro 82 actuaciones internacionales para su país.

Zubi comenzó su carrera futbolística en 1981 con Athletic, el famoso club de Bilbao. En unos pocos años, Zubizarreta saboreó el éxito pues Athletic ganó el campeonato español en 1983 y el campeonato y la copa en 1984. En enero de 1985 representó a su país en un evento internacional por primera vez. Desde entonces Zubi ha formado parte del conjunto español y hoy se le considera uno de los mejores guardametas del mundo. Zubi, quien dice pertenecer a una escuela "seria y confiable", en otras palabras, que prefiere la seguridad a la ostentación, estudia a otros porteros y busca puntos técnicos para mejorar su juego.

PENALTIS Y SUSPENSIONES

En 1986 Zubi fue transferido al Barcelona por 1,8 millones de dólares, suma que rompió el récord mundial de dinero pagado por un guardameta. Su contrato, inicialmente por 8 años y con ingresos garantizados de 900 millones de dólares, fue extendido hasta 1996. Zubi llegó al Barcelona dos días antes de la final de la Copa de Campeones de Europa, partido en el cual él no podía participar, y tuvo que contentarse con mirar la derrota (por penaltis) de su nuevo equipo a manos de Steaua de Bucarest.

También fueron penaltis los que le causaron dolores de cabeza a Zubi en otras ocasiones: en el Mundial de 1986, en el encuentro contra Bélgica que se decidió por penaltis, no pudo atrapar ninguno; la suerte tampoco le sonrió en sus dos primeras temporadas con el Barça. Pero su fortuna pronto cambió, especialmente cuando Cruyff llegó al Barcelona como director técnico y lo animó a tomar parte más activa en el juego. Este consejo, sin embargo, fue una espada de doble filo pues le trajo honores, pero también problemas: en 1991 Zubi recibió su segunda tarjeta amarilla en la semifinal de la Copa de Ganadores de Europa, lo que le significó no poder jugar en la final, partido que Barcelona perdió. Por suerte, en 1992 el Barcelona ganó un premio mejor, la Copa de Campeones de Europa. No obstante, sus problemas continuaron y en un momento crucial de las eliminatorias para el Mundial de 1994, cuando la clasificación de España dependía de la derrota de Dinamarca, Zubi fue expulsado en el primer tiempo por una falta "profesional". Contrario a lo que se esperaba, España ganó 1–0, pero Zubi no podrá participar en el primer partido que su equipo juegue en EE.UU.

ZUBIZARRETA DICE que la derrota de España por 4–2 a manos de Inglaterra en Madrid en 1987, cuando Lineker, su compañero del Barcelona, marcó los 4 goles ingleses, le causó menos apuro que los insultos que recibió de los fanáticos madrileños. Cuatro días después Zubi se sintió reivindicado cuando Gary Lineker marcó 3 goles en un encuentro entre el Barcelona y el Real Madrid.

final

Zubizarreta: el capitán y guardameta español.

> **"La forma como España resultó eliminada de los dos Mundiales en que he participado es el peor recuerdo de mi carrera futbolística: por penaltis contra Bélgica en 1986 y en tiempo de prórroga contra Yugoslavia en 1990. En ambas ocasiones la selección española jugó mejor que la oposición y aun así perdió."**

ANDONI ZUBIZARRETA
País: ESPANA   Posición: GUARDAMETA

NACIDO:
el 23 de octubre de 1961

CARRERA:
1978-81 Alavés
1981-86 Athletic Bilbao
1986- Barcelona

HONORES:
Campeonato Español 1983, 1984 (Athletic Bilbao), 1991, 1993 (Barcelona); Copa Española 1984 (Athletic Bilbao), 1988, 1990 (Barcelona); Copa de Ganadores de Europa 1989 (Barcelona); Copa de Campeones de Europa (Barcelona)

Debut Internacional: 1985

C A P I T U L O 3

LOS PAISES PARTICIPANTES

as eliminatorias para el Mundial de 1994 determinaron los 22 países que jugarán en EE.UU. junto con Alemania (el actual campeón) y EE.UU. (el anfitrión). Fue más emocionante que muchos Mundiales anteriores y, como siempre dio lugar a sorpresas, polémicas, victorias tardías y, lamentablemente, también tragedias.

En esta ocasión, Grecia, Nigeria y Arabia Saudita competirán por primera vez en un Mundial, el mismo número de nuevos participantes de los Mundiales de 1990 y 1986. Entre los gigantes que no clasificaron se encuentran Dinamarca (los Campeones de Europa) e Inglaterra; Francia y Japón, víctimas de goles tardíos; Yugoslavia, expulsada por la trágica guerra que azota a esa región, y Zambia, por la tragedia aérea que diezmó a su selección.

GOAL!

EUROPA

De las 38 selecciones que compitieron en 6 grupos, las 2 mejores de cada grupo ganaron las 12 posiciones asignadas al Viejo Continente (una menos que en el Mundial anterior).

En el grupo 1, Suiza, cuyo futbol de liga no es muy bueno y cuyos mejores futbolistas juegan en otros países, sorprendió al derrotar a Estonia por 6–0 y la inesperada victoria por 3–1 frente a Escocia, que la pusieron a la cabeza del grupo aun antes de que los otros países hubieran jugado su primer partido. La presencia de Italia en este grupo fue un obstáculo para Portugal y Escocia. Al final, la derrota de Portugal 1–0 a manos de Italia, supuso el desplazamiento de Suiza a la segunda posición del grupo.

En el grupo 2, Noruega siguió los pasos de Suiza con la goleada a San Marino por 10–0 y la victoria sobre Holanda

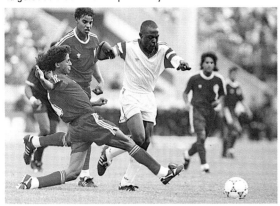

El capitán de Zambia Kalusha Bwayk.

por 2–0. Inglaterra y Holanda – los dos países favoritos para ganar la 2ª posición – lucharon junto con Polonia por la clasificación. A la postre, los partidos entre Inglaterra y Holanda fueron decisivos y Holanda salió adelante a unirse con Noruega.

En el grupo 3, los últimos partidos vieron a España, la República de Irlanda (Eire) y Dinamarca competir por las dos posiciones en su grupo. Eire empató con Irlanda del Norte a 1 gol, resultado que le conferiría la clasificación si el partido entre España y Dinamarca no terminaba en empate. El guardameta español fue expulsado por una falta profesional en el primer tiempo, pero España logró la victoria 1–0. Dinamarca, que había encabezado el grupo y tenía sólo 2 goles en contra, fue eliminada por goles: la diferencia de goles era la misma que la de Eire, pero Eire había marcado más goles. ¡Qué complicación!

En el grupo 4, cuando en los partidos finales Gales jugó contra Rumania y Checoslovaquia contra Bélgica, los 4 países tenían la posibilidad de clasificar. Rumania derrotó a Gales y se fue a la cabeza del grupo, mientras que Bélgica –con 10 jugadores solamente debido a una expulsión– empató con Checoslovaquia y aseguró la 2ª posición.

En el grupo 5, la exclusión de Yugoslavia a causa de las sanciones impuestas por la ONU y la presencia de una Hungría débil y de poco lustre, les permitieron a Grecia y a Rusia clasificar fácilmente.

El grupo 6 fue testigo de la inesperada caída de Francia. Al final de las eliminatorias, cuando quedaban sólo 2 partidos más, ambos en casa y aparentemente fáciles, Francia necesitaba sólo otro punto. El primer partido contra Israel estuvo bien con Francia a la delantera 2–1 hasta el minuto 83. Los franceses estaban convencidos de su clasificación, pero en los últimos minutos, los israelíes marcaron 2 goles tardíos. En su último partido, una vez más, los franceses abrieron el marcador, pero los búlgaros empataron y anotaron otro gol tardío. Bulgaria clasificó junto con Suecia.

ÁFRICA

Las 37 selecciones que se inscribieron participaron en nueve ligas preliminares. Los 9 participantes con el mejor puntaje se organizaron en 3 grupos de 3 equipos y el ganador de cada uno de éstos obtuvo su pasaporte para EE.UU. Nigeria ganó a expensas de Costa de Marfil, Camerún a expensas de Zimbabwe. Pero Zambia, después de haber ganado en su primer grupo con uno de los equipo más promisorios de Africa, sufrió una terrible tragedia cuando toda su escuadra murió en un accidente aéreo camino a un partido en Senegal. En diez semanas formaron otro conjunto y lograron derrotar a Marruecos y a Senegal en casa y empatar con Senegal fuera de casa. Necesitaban ganar solo un punto en su último partido en Marruecos, pero lastimosamente perdieron 1–0 por un gol tardío y fueron eliminados, casi a punto de clasificar.

CONCACAF

Del grupo de Centro y Norteamérica, sólo México sobrevivió; Canadá tuvo la oportunidad de luchar contra los ganadores del grupo de Oceanía por la última posición en el Mundial, pero no tuvo éxito.

SUDAMÉRICA

Los nueve países inscritos fueron divididos en 2 grupos. Colombia causó la mayor sorpresa al ganar decididamente en el grupo A. Cuando se enfrentó a Argentina en el partido final, esta última necesitaba ganar para irse a la cabeza del grupo, pero Colombia jugó magníficamente y obtuvo una resonante victoria 5–0. Argentina habría sido eliminada si Paraguay hubiera derrotado a Perú. En el grupo B, Bolivia se fue a la cabeza con la goleada de Ecuador 7–0 y la inverosímil derrota de Brasil 2–0. El resultado final ahora dependía de Brasil y Uruguay, los favoritos, en el grupo. Brasil obtuvo los puntos necesarios, pero no Uruguay.

OCEANÍA

Siete equipos se inscribieron, de los cuales quedó uno, Australia, que se tuvo que enfrentar a Canadá en dos partidos para decidir cuál de los dos jugaría contra Argentina. Los dos partidos terminaron 2–1 a favor del equipo de casa, así que fue necesaria una decisión por penaltis, la que Australia ganó 4–1. El primer encuentro con Argentina en Australia terminó empatado a 1 gol. En el partido en Argentina, los anfitriones ganaron con un gol fortuito asegurando así su viaje a EE.UU. y evitándole a los australianos otro largo viaje.

ASIA

Los 29 equipos inscritos se organizaron en 6 grupos, el ganador de cada uno de los cuales participó en un torneo en Katar para decidir los ganadores de las 2 posiciones asignadas al Continente Asiático. El último día del torneo, 4 países aún estaban compitiendo: Japón, Arabia Saudita, Corea del Sur e Irak. Arabia Saudita derrotó a Irán y obtuvo así un total de 7 puntos. Corea del Sur derrotó a Corea del Norte 3–0, quedando con un total de 6 puntos, pero no pensaban clasificar porque se esperaba que el líder del grupo, Japón, con 5 puntos, derrotaría a Irak. En este partido, Japón mantuvo el marcador de 2–1 hasta 10 segundos antes del final del partido, cuando Irak empató con un tiro de esquina. Japón terminó con 6 puntos, pero Corea del Sur tenía mejor diferencia de goles. Este resultado fue un golpe muy duro para Japón, que había invertido mucho dinero en su nueva liga y era uno de los favoritos para obtener la sede del Mundial de 2002. Corea del Sur, por su parte, estaba resignada a la eliminación cuando supo la noticia del gol de empate de Irak. ¡Qué eliminatorias!

EE.UU.

Extranjeros en su propio país

Bora Milutinovic, director técnico de la escuadra de EE.UU.

ANFITRIONES DE 1994

Casi todos los países del mundo, de habla inglesa o no, saben exactamente cuál deporte es el futbol, excepto EE.UU., donde la palabra "football" significa futbol americano y el futbol se conoce como "soccer". El futbol mismo no ha podido popularizarse en este país de la misma manera que los otros deportes, aunque no por falta de oportunidades. En noviembre de 1869 un partido de futbol entre las universidades de Princeton y Rutgers, no logró causar el impacto deseado. Los emigrantes europeos, sin embargo, empezaron a organizar ligas aficionadas de futbol y en 1884 se formó la Asociación Americana de Futbol. Los clubes pronto ascendieron al semiprofesionalismo, pero un grupo aficionado se separó y formó la Federación de Soccer de EE.UU., la cual fue aceptada por la FIFA en 1913. En el Mundial de 1930, la escuadra de EE.UU. contaba con 16 jugadores,

WorldCup USA94

5 de los cuales eran británicos importados. La selección de EE.UU. jugó bien contra Bélgica y Paraguay, pero sufrió una goleada 6–1 a manos de Argentina. Los esfuerzos por popularizar el futbol basados en este evento no tuvieron éxito y en el Mundial de 1934, EE.UU. jugó sólo un partido, en el cual Italia le infligió una monumental derrota 7–1.

La sensación del Mundial de 1950

En el Mundial de 1950, EE.UU. fue el autor de una de las derrotas más devastadoras de la historia del futbol al vencer a Inglaterra 1–0 en Belo Horizonte (Brasil). El resultado dio la vuelta al mundo, pero ni se notó o celebró en EE.UU., desperdiciándose así otra oportunidad de

La escuadra estadounidense que derrotó a Inglaterra 2–0 en la Copa de EE.UU. de 1993 en el estadio Foxboro, una de las sedes del Mundial de 1994.

promover el balompié. El interés por él decayó en los 40 años siguientes, pero en 1968 se intentó darle al futbol el mayor empuje posible con la fundación de la Liga Norteamericana de Soccer con 17 equipos. Se invirtieron millones de dólares, especialmente en el Cosmos de Nueva York, que persuadió a Pelé en 1974 de regresar al futbol profesional activo. A Pelé se unieron otros jugadores famosos que quisieron terminar sus carreras en EE.UU., como Bobby Moore, Eusebio, Franz Beckenbauer y George Best. Diez años después de la formación de la LNS, la asistencia promedio a los partidos era de más de 10.000 espectadores. Los fanáticos norteamericanos, como en los otros deportes, se querían identificar con estrellas del futbol local, pero no encontraron ningún futbolista del calibre necesario. Otra época de decadencia llegó después de que el triunfo de Canadá 3-0 le impidió a EE.UU. clasificar para el Mundial de 1978.

Hoy en día existe la Liga Americana de Soccer Profesional. La mayoría de los equipos son canadienses y su nivel – de acuerdo con la Federación de Soccer de EE.UU. – es de 2ª división. Una condición que la FIFA impuso a EE.UU. al conferirle la sede del Mundial de 1994 fue el establecimiento de una liga de 1ª división para 1994. Esto todavía no se ha logrado.

EQUIPOS LOCALES Y EXTRANJEROS

EE.UU. clasificó sorpresivamente para el Mundial de 1990 y aunque sus resultados no fueron muy buenos, no defraudó completamente a sus seguidores. En 1994, el equipo espera desempeñarse mucho mejor como anfitrión. Hay en realidad

Tab Ramos burla a dos defensas venezolanos en la Copa América de 1993.

dos selecciones de EE.UU. las cuales se combinan para el Mundial. Los jugadores de "casa" (un poco más de 20 escogidos individualmente por Bora Milutinovic, el director técnico) cuentan con estupendas instalaciones de entrenamiento en el sur de California. Los "extranjeros" (alrededor de 40) juegan en ligas de otros países, más que todo en las divisiones menores europeas, y pocas veces están disponibles para entrenar con la selección nacional. En este aspecto EE.UU sufre del mismo problema que agobia a varios países sudamericanos, especialmente Argentina y Brasil.

Sólo algunos de los jugadores de casa formarán parte de la escuadra que participará en el Mundial. El guardameta Tony Meola, quien por mucho tiempo ha tenido un puesto seguro, contará con competidores como Brad Friedel y el acrobático Kasey Keller. Thomas Dooley (quien se unió al equipo de casa después de jugar por un tiempo en Alemania), Marcelo Balboa, Paul Caligiuri y John Doyle probablemente tienen las mejores oportunidades de ser seleccionados. Milutinovic espera que la contribución de los "extranjeros" sea de primera clase, especialmente la de Tab Ramos, el mediocampista nacido en Uruguay, quien ha desarrollado su carrera en España. Ramos es, sorpresivamente, uno de los pocos jugadores estadounidenses originarios de América Latina que han hecho un impacto en ese país.

Durante el Mundial de 1994 se espera que futbolistas como John Harkes, el fuerte centrocampista, y Roy Wegerle, el confiable artillero nacido en Sudáfrica–quienes juegan

FUTBOLISTAS ESTADOUNIDENSES. QUE JUEGAN EN CLUBES DE OTROS PAISES.

ALEMANIA
Eric Wynalda, *delantero*, FC Saarbrucken
Brian Bliss, *mediocampista*, Carl Zeiss Jena
Brent Goulet, *delantero*, Tennis Borussia
Thomas Dooley, *defensor*, FC Kaiserslautern
Peter Woodring, *mediocampista*, SV Hamburg

INGLATERRA
Bruce Murray, *mediocampista*, Millwall
John Harkes, *mediocampista*, Derby County
Kasey Keller, *guardameta*, Millwall
Roy Wegerle, *delantero*, Coventry City

ESPAÑA
Tab Ramos, *mediocampista*, Real Betis

GRECIA
Frank Klopas, *delantero*, AEK Athens

HOLANDA
Ernie Stewart, *delantero*, Willem II Tilburg

ARABIA SAUDITA
Hugo Pérez, *mediocampista*, Ittihad

final

EE.UU. EN EL MUNDIAL

		RESUMEN	
1930:	Semifinal	Partidos jugados:	10
1934:	Primera ronda	Partidos ganados:	3
1950:	Primera ronda	Partidos empatados:	0
1990:	Primera ronda	Partidos perdidos:	7
		Goles a favor:	14
		Goles en contra:	29

técnico

Velibor "Bora" Milutinovic nació el 7 de septiembre de 1944 en Yugoslavia y empezó su carrera profesional con el Partizan Belgrado, el club de futbol del ejército. Entre 1956 y 1965, ganó 4 campeonatos y una copa. Un poco después jugó con los clubes franceses Mónaco, Niza y Rouen, con el Winterthur de Suiza y el Pumas UNAM de la Ciudad de México. En 1977 se retiró como jugador y se hizo entrenador de este último. En 1982 fue nombrado entrenador de la selección mexicana, a la que condujo a los cuartos de final en 1986, la mejor actuación en toda su historia. En 1988 aceptó el cargo de director técnico del Veracruz y en 1988, dos meses antes del Mundial de 1990, fue nombrado director técnico del conjunto costarricense, al que llevó a la segunda ronda. En 1991 fue contratado como director técnico de la escuadra nacional de EE.UU.

en la liga inglesa– junto con el delantero Eric Wynalda, quien juega en la liga alemana, traigan consigo invaluable experiencia internacional.

Alemania

¿Buscando el doble cuatro?

Alemania, el actual campeón mundial, espera abatir un récord doble en Los Angeles el 17 de julio de 1994: primero, ser el primer país del mundo en ganar el Mundial por cuarta vez; segundo, ser la primera nación en clasificar para el Mundial en cuatro ocasiones consecutivas.

El récord alemán en el Mundial es extraordinario si se considera que la idea del futbolista profesional de tiempo completo no llegó a Alemania hasta 1962, cuando se fundó la liga nacional de futbol.

Antes de la segunda guerra mundial, Alemania participó en los dos Mundiales celebrados en Europa (1934 y 1938) con cierto éxito. En 1954, cuando los alemanes regresaron al Mundial representando a Alemania Occidental, ganaron el campeonato. El astuto entrenador Sepp Herberger seleccionó una escuadra débil para enfrentarse a Hungría en la primera ronda, el cual terminó con una derrota 8–3. Pero en la final, Alemania, con Fritz Walter como capitán, obtuvo una resonante victoria al derrotar a Hungría 3–2.

LA ÉPOCA DE BECKENBAUER

El futbol alemán mejoró de una manera increíble durante la década de 1960, durante la cual surgió Franz Beckenbauer, el mejor futbolista que Alemania ha producido. Beckenbauer tenía apenas 20 años cuando perdió la final del Mundial de 1966 contra Inglaterra. En 1970, su selección fue eliminada por Italia en la semifinal. En 1974, en su propio país, Beckenbauer comandó el equipo alemán que ganó la Copa por segunda vez.

WorldCup
USA**94**

Berti Vogts, entrenador de la escuadra alemana en 1994.

En 1982, Alemania Occidental perdió la final contra Italia por 3–1 y en 1986 contra Argentina por 3–2. En 1990 los alemanes ganaron la Copa por tercera vez con una vengativa victoria sobre los argentinos por 1 gol a 0.

Alemania Oriental no tuvo nunca tanto éxito como sus vecinos occidentales, alcanzando a llegar a la fase final sólo una vez en 1974. Con las dos Alemanias ahora reunificadas por primera vez en 56 años, un solo equipo representará a Alemania en 1994.

UN ESTILO VIGOROSO

Los futbolistas alemanes poseen no sólo destreza, sino también un estilo vigoroso y firme que tiene más en común con el

final

EL ALEMAN Uwe Seeler ha participado en el Mundial más que ningún otro jugador. Aunque el polaco Wladislaw Zmuda también ha jugado 21 partidos, tres períodos de tiempo suplementario le confieren la ventaja a Seeler, quien tiene un récord de 33 horas. Con Pelé también comparte el récord de haber marcado goles en cuatro Mundiales (1958, 1962, 1966 y 1970).

La victoriosa selección alemana posa para las cámaras después de la final en 1990 en el Estadio Olímpico en Roma.

futbol de los países del norte de Europa que con el estilo personal y sagaz de los países latinos. Los equipos alemanes son veloces, fuertes, osados, bien organizados, disciplinados y con una increíble determinación de luchar hasta el silbatazo final; en 1966, Alemania empató en el último minuto en la final del Mundial contra Inglaterra y en la semifinal de 1970 contra Italia; en la final de 1954, después de ir perdiendo 2–0 se recuperó y ganó 3–2; en los cuartos de final de 1970 repitió esta hazaña contra Inglaterra. En 1974 también ganó la final después de estar en desventaja; en la semifinal de 1982 derrotó a Francia por penaltis en tiempo suplementario, después de recuperarse de un marcador de 3–1 en contra; en la final de 1986 empató con Argentina después de ir 2–0 en contra, aunque esta vez perdió 3–2. Además Alemania ha ganado las tres finales del Mundial que se han decidido por penaltis.

El espíritu que unifica el equipo alemán es aún más laudable porque muchos de sus astros juegan en el exterior, especialmente en equipos italianos.

Parte del éxito de Alemania se explica por la calidad y el profesionalismo de sus directivos. Después del triunfo bajo la tutela de Herberger en el Mundial de 1954, Helmut Schön la llevó a la victoria en 1974. Beckenbauer era el director cuando ganó el Mundial en 1990. El director actual desde 1990, Berti Vogts, perteneció a la escuadra victoriosa de 1974.

PUNTOS FUERTES

El primer reto al que se enfrentó a Vogts fue el Campeonato Europeo de 1992, en el cual terminaron en segunda posición después de Dinamarca. Alemania ganó la Copa de EE.UU. en 1993, lo cual se vio como una prueba para el Mundial de 1994. En este torneo los alemanes mostraron sus mejores destrezas contra Brasil cuando lograron empatar a 3 goles después de ir perdiendo 3–0.

Entre los jugadores de 1990 Vogts aún cuenta con Lothar Matthäus, quien ha representado a su país más veces que cualquier otro jugador alemán. Matthäus es la inspiración de su equipo, dirige la acción en el medio campo y arremete con gran energía. Vogts también cuenta con Jürgen Klinsmann, uno de los atacantes más veloces del futbol moderno, Bodo Illgner, el guardameta principal, y Andy Köpke, el guardameta suplente. El audaz Thomas Hässler permanece en una posición de ataque en el medio campo; la defensa depende de la destreza de Jürgen Kohler y Guido Buchwald. Andy Möller, el favorito de Vogts en el medio campo, y el goleador Karl-Heinz Riedle también han jugado en Mundiales anteriores.

En 1993, cuatro de los jugadores de la antigua Alemania Oriental representaron al equipo unificado en encuentros internacionales. De éstos, Thomas Doll y el diestro mediocampista Matthias Sammer, sin duda alguna, destacarán en EE.UU. en 1994. El conjunto alemán es un buen candidato para ganar el Campeonato y Vogts debe sentirse muy optimista de ganar otro Mundial.

Thomas Hässler, el eje del medio campo alemán, espera jugar un papel importante en el Mundial de EE.UU.

> " *La mentalidad alemana es más fuerte que la de otros países... no es que los alemanes jueguen mejor futbol.* "

FRANZ BECKENBAUER, excapitán y exdirector comentando por qué Alemania ha tenido tanto éxito en el futbol internacional.

ALEMANIA EN EL MUNDIAL DE FUTBOL

1938:	Semifinalista (tercer lugar)	1986:	Final
1938:	Primera ronda	1990:	Ganador

COMO ALEMANIA OCCIDENTAL		**RESUMEN**		
1954:	Ganador	Partidos jugados:	68	(74)
1958:	Semifinalista	Ganados:	39	(41)
1962:	Cuartos de final	Empatados:	15	(17)
1966:	Finalista	Perdidos:	14	(16)
1970:	Semifinalista (tercer lugar)	Goles a favor:	145	(150)
1974:	Ganador	Goles en contra:	90	(95)
	(Alemania Oriental llegó a la segunda ronda)			
1978:	Segunda ronda			
1982:	Final			

Las decisiones por penaltis cuentan como empates y los goles no se incluyen.

Las cifras en paréntesis incluyen los datos de Alemania Oriental.

técnico

BERTI VOGTS nació el 30 de diciembre de 1946. Como defensa, representó a Alemania 96 veces. Hizo su debut en 1967 y fue parte de la escuadra que ganó el Mundial de 1974. Entre 1965 y 1979 jugó 419 partidos para su club Borussia Mönchengladbach y ganó 5 campeonatos y una copa alemanes y dos copas europeas. Cuando se retiró como jugador fue invitado a formar parte del grupo de entrenadores y en 1990 fue nombrado director técnico del equipo.

Nigeria

Las águilas que esperan encumbrarse

El holandés Clemens Westerhof, director técnico de Nigeria.

En octubre de 1992, Nigeria inició sus eliminatorias para el Mundial de 1994 jugando contra Sudáfrica, partido que atrajo el interés de los medios de comunicación mundial porque este encuentro marcaría el retorno de Sudáfrica al futbol internacional. Se esperaba el triunfo sudafricano, pero Nigeria sorprendió con una goleada de 4–0, victoria que los impulsó a ganar la primera posición de su grupo y a obtener más tarde su primer pase al Mundial al empatar 1–1 con Costa de Marfil cuando los favorecía el promedio de goles. El entusiasmo y las manifestaciones de alegría que siguieron el triunfo en Argel obligaron al gobierno a decretar un día cívico para celebrar la entrada de Nigeria al Mundial.

ÉXITOS JUVENILES

La Asociación Nigeriana de Futbol fue establecida en 1945 y hasta la fecha sus equipos han alcanzado éxitos internacionales sólo en torneo juveniles. En 1987, la selección nigeriana ganó la Copa Mundial Juvenil Sub-17 al derrotar a Alemania en la final en Pekín, y en 1993, por segunda vez, al vencer a Ghana 2–1 en Tokio. A nivel pro-fesional el progreso ha sido lento debido a problemas políticos y financieros, pero se espera que la clasificación para el Mundial de EE.UU. mejore la situación. Algunas compañías han hecho contri-buciones monetarias para recompensar a los jugadores y la Asociación

recibirá 1,5 millones de dólares como parte de las ganancias del certamen.

Los jugadores veteranos como el sólido defensor Stephen Keshi, capitán de la selección, Augustine Eguavon, su compañero en la defensa, y los delanteros Rashidi Yekini y Samson Siasia, dándose cuenta de la gran oportunidad que tenían de clasificar, animaron a su equipo a la victoria y consiguieron inspirar a jugadores más jóvenes y de menos experiencia como los mediocampistas Jay-Jay Okocha y Finidi George, el defensa Nduka Ugbade y los delanteros Emmanuel Amunike, Victor Ikpeba, Daniel Amokachi y Richard Owubokiri. La partida de muchos de estos futbolistas para Europa —Okocha para Alemania, George para Holanda, Ikpeba para Francia, Amokachi para Bélgica y Owubokiri para Portugal— ha limitado el tiempo de preparación para el Mundial, pero la experiencia que estos jugadores han ganado en las ligas europeas y su determinación para triunfar hará posible que las "superáguilas", como se les llama, encuentren presa en EE.UU.

> *" No tenemos ropa deportiva de alta calidad y apenas tenemos zapatos de futbol. Algunos de nuestros jugadores tuvieron que pagar su viaje de regreso a Europa. "*

El capitán Stephen Keshi hablando de la carencia de apoyo financiero en Nigeria.

Augustine Okocha, quien juega en el equipo Eintracht Frankfurt en Alemania.

Marruecos

Las ambiciones futbolísticas de Marruecos van más allá del Mundial de EE.UU. Su entrada en la competición por la sede del Mundial de 1994, demuestra su cometido en querer ser el primer anfitrión africano del certamen y espera que la actuación de su selección en el Mundial de 1994 haga resaltar su derecho a hacer historia. La organización y actuación de los marroquíes en los Mundiales de 1970 y 1986 llevó al comentador brasileño João Saldanha a predecir hace más de 10 años que una nación africana ganaría el Mundial antes del final de siglo.

PIONERO AFRICANO

Marruecos siempre se ha considerado el pionero del futbol africano. En 1970 en México, por ejemplo, se convirtió en el primer participante africano en un Mundial. Aunque la suerte le ayudó en esta ocasión al favorecerle en una decisión contra Túnez, su desempeño fue satisfactorio: perdió solo 2–1 con Alemania y ganó su primer punto al empatar a un gol con Bulgaria.

El futbol progresó muy poco en la década siguiente, pero resurgió nuevamente en la década de 1980 por la exitosa participación de Marruecos en la Copa de Naciones Africanas y su clasificación para el Mundial de 1986. Además, el club FAR, de la fuerza aérea, ganó la Copa de Campeones Africanos, triunfo que le significó a su entrenador José Faría su nombramiento como director técnico de la escuadra

nacional. Para el Mundial de 1986, Faría se las arregló para organizar un equipo compuesto por los mejores jugadores de FAR y "exiliados" como el delantero Merry Krimau, quien jugaba para el equipo francés Le Havre, y Aziz Bouderbala, jugador del Sión de Suiza. Faría también contó con Zaki, el mejor guardameta africano, y Mohammed Timoumi el mejor mediocampista del continente. Como se esperaba, la escuadra marroquí llegó a la segunda ronda, pero fue eliminada por Alemania por un tiro de Matthäus.

UN TOTAL DE GOLES IMPRESIONANTE

Marruecos inició su camino hacia el Mundial de 1994 en octubre de 1992 con la goleada a Etiopía por 5–0 en Casablanca. La selección marroquí terminó invicta en la primera ronda con 4 victorias, dos empates, 13 goles a favor y sólo uno en contra. Durante la segunda ronda se enfrentó a Zambia y Senegal, ganando tres partidos y empatando uno. El conjunto marroquí clasificó con un récord envidiable: invicto en 10 partidos y con sólo 4 goles en contra. Esta es la clase de resultados que auguran un buen desempeño en el Mundial de EE.UU.

De los 3 participantes africanos, Marruecos tiene la suerte de que la mayoría de los integrantes de su selección juega en equipos locales. Khalil Azmi, el excelente guardameta, por ejemplo, juega para el club WAC de Casablanca. Los jugadores marroquíes que juegan para clubes europeos tendrán un papel muy crucial en EE.UU., especialmente los dos mediocampistas residentes en Francia, Mohammed Chaouch (Niza) y el veterano Mustafá El Haddaoui (Angers).

GANADOR, GRUPO B, AFRICA

El marroquí Aziz Samadi (arriba derecha) en acción durante el partido clasificatorio en Senegal. Marruecos ganó 3–1.

final

En su primer encuentro en el Mundial de 1970, Marruecos abrió el marcador contra Alemania y mantuvo la diferencia hasta el final del primer tiempo. El segundo tiempo empezó sin Allal Ben Kassu, el guardameta marroquí quien aparentemente permaneció en los vestuarios. Sus compañeros protestaron ante el árbitro, pero el partido continuó. Después de un minuto de juego, Ben Kassu, finalmente apareció y, afortunadamente para él, los alemanes no pudieron aprovecharse de su ausencia.

técnico

ABDELLAH BLINDA, nacido el 3 de abril de 1949, fue un famoso futbolista internacional. Fue nombrado director técnico de la selección marroquí al comienzo de las eliminatorias para el Mundial de 1994, después de la partida del entrenador alemán Werner Olk hacia Japón.

MARRUECOS EN EL MUNDIAL

1970: Primera ronda	Partidos empatados:	3
1986: Segunda ronda	Partidos perdidos:	3
	Goles a favor:	5
RESUMEN	Goles en contra:	8
Partidos jugados: 7		
Partidos ganados: 1		

Camerún

Los leones indómitos

Camerún lanza un ataque en la portería de Zimbabwe.

Camerún es el equipo africano de más éxito futbolístico. En dos ocasiones ha participado en el Mundial y en el de 1990 llegó a los cuartos de final y sólo un revés le arrebató la oportunidad de llegar a las semifinales: después de llevar una ventaja por 2–1 contra Inglaterra, terminó perdiendo el partido 3–2 a causa de dos penaltis en contra.

Pero el futbol de Camerún ofrece mucho más que visitas esporádicas a los mundiales. Los clubes Canon y Tonnerre de Yaounde se cuentan entre los más exitosos en los torneos de clubes africanos, tales como la Copa de Campeones y la Copa de Ganadores. En 1982 Camerún clasificó por primera vez para participar en el Mundial; en 1988 fueron campeones africanos y en 1986 subcampeones, después de una decisión por penaltis, en la final contra Egipto.

EN HONOR A PELÉ

Dos de los héroes del Mundial de 1990, el guardameta Thomas Nkono y el puntero Roger Milla, fueron aclamados como Futbolistas Africanos del Año. Milla ha sido el primer futbolista en recibir dos veces dicho galardón. Además, Nkono y Milla fueron seleccionados para formar parte de la escuadra representativa del mundo que jugó contra Brasil con motivo de la celebración de los 50 años de Pelé en 1990.

A pesar de estos éxitos, la necesidad sentida de reorganizar y reconstruir el futbol camerunés se hizo más evidente a raíz de los infortunios del otoño de 1990: la derrota 2–1 a manos del Congo en la final de la Copa UDEAC (en la cual participan los estados miembros de la Unión Económica de Africa Central); los empates con Mali (0–0) y con Sierra Leona (1–1) en los partidos clasificatorios para la Copa de Naciones Africanas; el empate sin goles en el partido amistoso con Botswana y la goleada por 6–1 ante Noruega.

EXPERIENCIA EUROPEA

Debido a que el ambiente doméstico no ofrece los contratos lucrativos o las facilidades que se dan en

Europa, todos los mejores jugadores de Camerún pasan parte de su vida fuera del país. Por esta razón, el núcleo de la selección de Camerún se encuentra actualmente jugando en Europa. El veterano guardameta Joseph-Antoine Bell juega para Saint-Etienne en Francia, así como el delantero clave Francois Omam Biyik, autor del decisivo gol contra Argentina en 1990; y Alphonse Tchami, la nueva estrella de la delantera, juega para el club danés OB Odense. Toda esta experiencia europea les será útil en EE.UU.

Denis Nde, de Camerún, vence en el salto a Peter Ndlovu, de Zimbabwe, en un encuentro clasificatorio para el Mundial de 1994.

CAMERUN EN EL MUNDIAL

1982: Primera ronda		Partidos empatados:	3
1990: Cuartos de final		Partidos perdidos:	2
		Goles a favor:	8
RESUMEN		Goles en contra:	10
Partidos jugados:	8		
Partidos ganados:	3		

Arabia Saudita

Si se consideran las vastas sumas de dinero que Arabia Saudita ha invertido en el futbol en los últimos 20 años, su ausencia del Mundial no podía prolongarse más. Siendo uno de los países con más reservas petrolíferas, las sumas de dinero disponibles fueron tales que en la década de 1980 se construyeron campos de futbol aun en sitios donde no se podía usar césped natural o artificial, lo cual se consiguió poniendo asfalto directamente sobre la arena. Al otro extremo, se construyó el fabuloso estadio internacional Rey Fahad en Riad, uno de los más modernos y atractivos del mundo y diseñado arquitectónicamente para parecerse a una tienda de campaña. Este fue la sede de la Copa Mundial Juvenil de 1989.

DINERO PARA ENTRENAMIENTO

Arabia Saudita ha invertido mucho dinero en atraer a los mejores entrenadores internacionales, entre los cuales se cuentan Billy Bingham de Irlanda del Norte, Dettmar Cramer de Alemania, y los brasileños Didi, Rubens Minelli, Tele Santana, Mario Zagalo y Carlos Alberto Parreira, el actual director técnico de Brasil.

En unos años, algunos equipos locales como Al Ahly, Al Hilal y Al Nasr lograron muchos éxitos en las competiciones de clubes asiáticos, mientras que la escuadra nacional no obtuvo su primer triunfo hasta 1989, el Campeonato Mundial Juvenil Sub-17 en Escocia, en el que la escuadra saudita derrotó a los anfitriones por penaltis en Glasgow.

Pero los sauditas estaban preocupados por los fracasos de la selección nacional en las eliminatorias para el Mundial. Pensaron que esto se debía a que la presencia de jugadores extranjeros en los clubes profesionales estaba evitando el surgimiento de jugadores locales y por esto se prohibió la importación de jugadores extranjeros por un período de 6 años. Curiosamente, fue hasta que se levantó el veto cuando equipo nacional comenzó a surgir a nivel internacional.

DE MALASIA A EE.UU.

En su camino hacia EE.UU. la selección saudita tuvo que competir en Malasia en primer lugar con Malasia, Kuwait (participantes en el Mundial de 1982) y Macao. No sólo marcaron 6 goles contra Macao, sino que también terminaron invictos en primera posición en su grupo con dos puntos más que

Los fanáticos de Arabia Saudita animan a su equipo durante las eliminatorias en Katar.

Kuwait. En la 2ª ronda eliminatoria los sauditas tuvieron que enfrentarse a Irak, Irán, Japón, Corea del Norte y Corea del Sur en Katar, un país vecino. Muchos fanáticos sauditas cruzaron la frontera para apoyar a su equipo y por poco quedan decepcionados, pues su equipo tuvo dificultades desde un principio: primero fue la grave lesión del veterano Majid Mohammed, llamado "el Pelé del desierto"; más tarde, a mitad del torneo, el entrenador José Cándido fue destituido por diferencias de opinión con los directivos de la Federación Saudita de Futbol.

Los sauditas necesitaban ganar su último partido, victoria que consiguieron muy decisivamente al derrotar a Irán con goles de Sami Al Jaber, Fahad Mehalel, Mansour A Mosa y Hamzah Falatah. Muy importante en este crucial encuentro fue también la actuación del guardameta Mohammed Al

GANADOR, GRUPO ASIATICO

Deayea, quien tiene el potencial de convertirse en uno de los nuevos astros del Mundial. Su equipo y su país confían en él.

Saeed Owairan, de Arabia Saudita, acomete a un jugador norcoreano.

técnico

LEO BEENHAKKER, nació el 2 de agosto de 1942 en Rotterdam y comenzó su carrera profesional en 1962. En 1976 fue contratado por al Ajax y llegó a ser entrenador principal en 1979. Después de 4 años como entrenador del Real de Zaragoza, fue nombrado entrenador provisional de Holanda en 1985 y director técnico del Real Madrid en 1986. Regresó al Ajax en 1990 e inmediatamente se encargó de la dirección técnica del conjunto holandés durante el Mundial de 1990. Después de un año en España (1992) y otro en Suiza (1993), fue llamado a dirigir la selección de Arabia Saudita para el Mundial de 1994.

Corea del Sur

2º LUGAR, GRUPO ASIATICO

Entre los países que han surgido recientemente en el futbol internacional, Corea del Sur ha sido el único que ha clasificado 3 veces consecutivas y 4 en total. Con este récord los coreanos piensan que pueden persuadir a la FIFA de que se merecen la sede del Mundial de 2002.

Los coreanos participaron por primera vez en un Mundial en 1954 en Suiza, donde fueron goleados, como era de esperarse, por Hungría y Alemania. En el Mundial de México en 1986 las cosas fueron diferentes: para entonces los futbolistas coreanos se habían beneficiado de la fundación de una liga profesional y de la experiencia ganada en otros países por algunos jugadores como el mediocampista Cha Bum-Kun, quien jugó en la liga alemana.

En el Mundial de 1990 en Italia los coreanos tenían tal confianza en sí mismos que el director técnico afirmó que "Ningún país del mundo nos podrá derrotar fácilmente." Desafortunadamente, Corea terminó junto con Bélgica, España y Uruguay en uno de los grupos más difíciles de la primera ronda; a pesar del obvio talento futbolístico de jugadores como Kim Jo-sung, apodado el pequeño Sansón, por su cabello largo, y el estupendo centro delantero Choi Soon-ho, la selección coreana fracasó en su intento de pasar a la 2ª ronda.

WorldCup USA94

UN ERROR DESAFORTUNADO

Esta derrota les costó mucho más que la eliminación, pues se piensa que si uno de los dos países asiáticos – Kuwait o Corea del Sur – hubiera pasado a la 2ª ronda, la FIFA hubria asignado al grupo asiático una tercera posición en la clasificación para el Mundial de 1994.

Antes del inicio de las eliminatorias, el nuevo director técnico Ho Kim prometió que su país estaría presente en el Mundial de EE.UU. Como Arabia Saudita, Corea del Sur tuvo que tomar una ruta ardua hacia la clasificación. Primero tuvo que competir con Bahrain, Líbano, India y Hong Kong en Líbano, donde la situación política no había permitido que se celebrara un partido internacional por más de una década. La segunda ronda tuvo más complicaciones políticas por la presencia de Irak, Irán, Japón, Arabia Saudita y Corea del Norte.

ULTIMO PARTIDO DECISIVO

La tensión se desbordó cuando, en un partido decisivo, Corea del Sur se enfrentó a Corea del Norte. El encuentro terminó 3–0 en favor de Corea del Sur, obteniendo así su pase para EE.UU., gracias a las oportunas actuaciones de Ko Jeung-woon, Ha Seok-ju y el delantero Hwang Sun-hong. Este último, de sólo 25 años de edad, fue el "bebé" de la escuadra del Mundial de 1990 y uno de los 4 sobrevivientes de esa

HO KIM nació el 17 de noviembre de 1944 y entre 1966 y 1976 ganó 50 copas internaciónales para Corea del Sur. En 1978 se retiró y empezó su carrera de entrenador. En 1984 se le nombró director técnico del Hyundai, equipo que dirigió en 1990 cuando fue el subcampeón de la liga coreana. Después de su desilusionante desempeño en el Mundial de 1990, Ho Kim fue nombrado director técnico de la escuadra nacional.

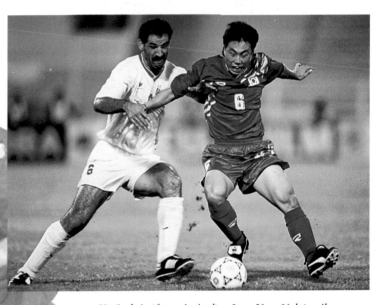

Ha Seok-ju (foto principal) y Jana Yoon Noh (arriba derecha) juegan contra Irán en las eliminatorias de Katar.

expedición, y quien espera mejores resultados esta vez. El equipo entero y su país esperan que Corea del Sur gane al menos su primer partido en el Mundial.

final

EL JUGADOR COREANO de más renombre internacional, es Cha Bum-Kun, quien entre 1978 y 1988 jugó 278 partidos en la liga alemana con los equipos Darmstadt, Eintracht Frankfurt y Bayer Leverkusen.

COREA DEL SUR EN EL MUNDIAL

1954: Primera ronda	
1986: Primera ronda	
1990: Primera ronda	

RESUMEN:

Partido jugados:	8
Partidos ganados:	0
Partidos empatados:	1
Partidos perdidos:	7
Goles a favor:	5
Goles en contra:	29

México

El orgullo azteca

En el Mundial, México siempre ha sido un buen equipo "casero". Solamente ha pasado de la primera ronda en 1970 y 1986 cuando el Mundial se celebró en su propio suelo. Ahora se espera que su récord en el exterior mejore, después de haber llegado a la final de la Copa América en 1993 y de haber sido el primer equipo en clasificar para el Mundial de 1994.

Los británicos trajeron el futbol a México a finales del siglo XIX, pero México no participó en torneos internacionales hasta los Juegos Olímpicos de 1928, cuando perdió 7–1 contra España. Dos años más tarde, entró en el primer Mundial, pero perdió tres partidos y fue eliminado.

México tiene la suerte de tener el equipo más fuerte de la Confederación de Futbol de Centro y Norteamérica (CONCACAF). Esto le ha permitido clasificar repetidamente para el Mundial, y sólo otros cuatro países han clasificado más veces que México. Sin embargo le tomó 28 años obtener su primer empate (contra Gales en 1958) y otros cuatro en obtener una victoria (contra Checoslovaquia en 1962). En 1970, como anfitrión, ganó dos partidos y empató contra la Unión Soviética antes de salir derrotado por 4–1 ante Italia.

En 1986, cuando México se convirtió en la sede del Mundial por segunda vez, su selección fue derrotada por Alemania en una decisión por penaltis.

ESCÁNDALO

México fue excluido del Mundial de 1990 al descubrirse que se habían falsificado los certificados de nacimiento de algunos jugadores para que pudieran participar en la Copa Juvenil del Mundo en 1988. Como sanción la FIFA le impuso a México una exclusión internacional por dos años.

Por esta razón México estaba doblemente

Hugo Sánchez, uno de los pocos futbolistas que han representado a su país más de 100 veces en torneos internacionales, es famoso por la efusiva y atlética forma de celebrar sus goles.

MEXICO EN EL MUNDIAL

		RESUMEN	
1930:	Primera ronda	Partidos jugados:	29
1950:	Primera ronda	Partidos ganados:	6
1954:	Primera ronda	Partidos empatados:	6
1958:	Primera ronda	Partidos perdidos:	17
1962:	Primera ronda	Goles a favor:	27
1966:	Primera ronda	Goles en contra:	64
1970:	Cuartos de final		
1978:	Primera ronda		
1986:	Cuartos de final		

Las decisiones por penaltis cuentan como empates y no se incluyen los goles.

decidido a clasificar para el Mundial de 1994. Con este propósito se contrató a Luis Menotti, quien triunfó con Argentina en 1978. Pero éste tuvo que darle paso a Miguel Mejía Barón en 1993 por no haber incluido en el equipo al popular y veterano Hugo Sánchez, entre otros motivos. Este mismo año, México tomó parte junto con EE.UU. en la Copa América, el campeonato sudamericano. Su gran destreza y control lo llevó a la final, pero fue derrotado por Argentina en los últimos minutos del partido. Con jugadores fuertes como Luis García, el alto Zaguinho y el incansable Sánchez, los mexicanos tienen la oportunidad de causar una buena impresión en EE.UU.

técnico

MIGUEL MEJÍA BARÓN nació el 6 de septiembre de 1944 en la Ciudad de México y jugó como defensa para UNAM (Universidad Nacional Autónoma de México) desde 1963 hasta 1976, cuando se retiró del futbol. Más tarde obtuvo el grado de dentista, y en 1977 fue nombrado director técnico de UNAM y ayudante del entrenador de la selección mexicana, Bora Milutinovic, durante el Mundial de 1986. Fue entrenador de UNAM y de Monterrey y en enero de 1993 fue nombrado entrenador del equipo mexicano.

final

DESPUÉS DE LA HUMILLANTE exclusión por parte de la FIFA, los fanáticos mexicanos sintieron tal alegría por los buenos resultados de su equipo en la Copa América en 1993, que 75.000 de ellos salieron a darle la bienvenida a su regreso a la Ciudad de México.

Italia

La fuerza azurra

Italia, como Alemania, es uno de los gigantes del futbol mundial. Su selección nacional ha ganado el Mundial 3 veces, 2 de ellas durante la década de 1930. Pero este récord no se compara con los logros de sus clubes profesionales, ganadores en 6 ocasiones de los 3 eventos futbolísticos más importantes de Europa – la Copa de Campeones, la Copa de Ganadores y la Copa de UEFA – y 6 veces también ganadores del Mundial de Clubes de Futbol. El mejor futbol profesional se juega en la Serie A italiana, liga en la cual los mejores equipos cuentan con el respaldo financiero de grandes firmas industriales como Fiat y con suficiente dinero para comprar los mejores jugadores del mundo.

Esto es posible por la devoción y lealtad de los fanáticos italianos, quienes pagan, cueste lo que cueste, por ver jugar (¡y ganar!) a sus equipos. Sin embargo la llegada de jugadores extranjeros no siempre ha sido bienvenida; en efecto, muchos italianos creen que esto ha tenido efectos negativos en la escuadra nacional y que fue causa de los malos resultados de la década de 1960, las

cuales culminaron con la lluvia de tomates que saludó a la selección italiana a su regreso a casa después de la catástrofe del Mundial de 1966.

Gianluca Vialli no logró ser el astro del Mundial de 1990. En 1994 esta tarea será igualmente difícil.

técnico

ARRIGO SACCHI NACIÓ el 1 de abril de 1946. Después de un curso en la Federación Italiana de Futbol, en 1979 se estableció como entrenador juvenil. Entre 1985 y 1989 estuvo de entrenador con el Parma, de donde pasó al AC Milán, ganador bajo su tutela de la Copa de Europa (2 veces) y de la Copa Mundial de Clubes (2 veces). Desde 1991 ha sido el director técnico del conjunto nacional italiano.

DINERO A MANOS LLENAS

A pesar de todo esto, los jugadores extranjeros continúan llegando; a principios de la década de 1990, el club AC Milán, el mejor equipo del mundo, tenía un núcleo de jugadores holandeses entre los que se contaban Gullit, Rijkaard y Van Basten. Pero Italia también ha producido jugadores nativos que se han cotizado bien, como Gianluca Vialli y Gianluigi Lentini, este último adquirido por el AC Milán por 20 millones de dólares.

Los italianos sufrieron la deshonra de no ganar el Mundial de 1990 en su suelo al perder por penaltis en la semifinal. En 1994, sin embargo, bajo la dirección del nuevo director técnico Sacchi, están muy decididos a borrar esta derrota con el triunfo y para alcanzarlo cuentan con Vialli, el veloz Roberto Baggio, el vital defensor Franco Baresi, acompañado en la banda izquierda por Paolo Maldini. Lentini desafortunadamente estará ausente debido a un grave accidente automovilístico.

A pesar de su victoria en el Mundial de 1982, la selección italiana, por el temor de perder, en ocasiones ha jugado un futbol medroso e innecesariamente elaborado. Sin embargo, si los directivos logran inculcarles a los jugadores confianza en sí mismos, la escuadra azura podrá llegar mucho más lejos.

final

EL ITALIANO ES una de las pocas lenguas que tienen un término propio para referirse al balompié, como el español 'futbol' y el alemán 'Fußball' derivados del inglés. El 'calcio' fue originalmente un deporte practicado en el siglo XVI en la Piazza della Croce en Florencia, en el cual se enfrentaban dos equipos de 27 jugadores cada uno. Actualmente el calcio es sólo una atracción turística.

George Bregy, quien regresó a su equipo nacional para el Mundial de 1994.

Suiza

final

SUIZA se ofreció a ser el anfitrión del Mundial de 1998, pero su oferta fue rechazada porque se proyectaba poner graderías provisionales para aumentar la capacidad de los estadios. Esto había sido prohibido por la FIFA a raíz de la tragedia ocurrida en la semifinal de la Copa de Francia en 1992.

SEGUNDO LUGAR, GRUPO 1, EUROPA

Suiza participó en 5 de los 6 Mundiales celebrados entre 1934 y 1966. Después de una ausencia de 28 años, Suiza finalmente regresa al Mundial en 1994, en hora buena para el futbol Suizo, ya que la recesión económica y una reducción en las taquillas han hecho sentir su efecto en el futbol local. La clasificación ha significado que la apatía de sus seguidores en estos últimos años se ha convertido hoy en entusiasmo por el futbol y por su equipo.

Los suizos comenzaron a jugar futbol en 1860 y contribuyeron a su propagación a sitios tan importantes como Milán y Barcelona. Suiza, uno de los países fundadores de la FIFA, celebró en su suelo el Mundial de 1954; éste fue el Mundial en que Suiza obtuvo los mejores resultados y en el cual, a pesar de haber jugado un increíble partido de cuartos de final contra Austria, perdió por 7–5. Hoy día este es aún el marcador acumulado más alto de un partido del Mundial.

UN ALEMÁN Y UN INGLÉS

El responsable del resurgimiento del futbol suizo es Uli Stielike, un alemán que jugó en el Mundial de 1982 y que es también el director técnico de la escuadra suiza. Stielike transformó una escuadra que esperaba ser derrotada en una de actitud más positiva. Después de la desilusión de no clasificar para el Mundial de 1992, Stielike le dio el paso al inglés Roy Hodgson, un jugador no de la misma altura que Stielike, pero que probó

ser un director técnico astuto.

El equipo que Hodgson dirige se organiza alrededor de un núcleo compuesto por el guardameta Marco Pascolo, a quien Hodgson tenía en su equipo Neuchatel; el veterano zaguero Alan Geiger, con casi 100 partidos internacionales por su país y quien no esperaba jugar en este Mundial; el mediocampista Georges Bregy, a quien el Mundial le ha dado la oportunidad de permanecer en el futbol internacional.

Pero el arma secreta suiza es su artillería y uno de los principales contribuidores a este desarrollo es Stephane Chapuisat, quien fue el goleador máximo de la liga suiza por tres años consecutivos, antes de irse a jugar para el Borussia Dortmund. Chapuisat estará acompañado por otros dos jugadores suizos que también juegan en equipos alemanes, Alain Sutter del Nurenberg y Adrian Knup del Stuttgart, quien tiene un cañón muy poderoso. En resumen, a los suizos, tradicionales fabricantes de relojes, les ha llegado la hora de ganar el Mundial.

El goleador suizo Alain Sutter, mediocampista y alero.

técnico

ROY HODGSON nació en Londres el 9 de agosto de 1947. Su carrera futbolística en Inglaterra se desarrolló en las ligas menores. En 1972 viajó a Sudáfrica a jugar para el Berea Park. En 1976 comenzó a entrenar al equipo Sueco y a finales de la década de 1980 su equipo, el Malmo, ganó 5 campeonatos suecos y dos copas. En 1990 sirvió de entrenador para el Xamax Neuchatel en Suiza y en 1992 intercambió empleo con el entrenador de la selección nacional, el alemán Uli Stielike.

SUIZA EN EL MUNDIAL

	RESUMEN	
1934: Segunda ronda		
1939: Segunda ronda	Partidos jugados:	18
1950: Primera ronda	Partidos ganados:	5
1954: Cuartos de final	Partidos empatados:	2
1962: Primera ronda	Partidos perdidos:	11
1966: Primera ronda	Goles a favor:	28
	Goles en contra:	44

Noruega

Los invasores vikingos

El director técnico noruego, Egil "Drill" Olsen.

El mayor logro futbolístico noruego antes de las eliminatorias para el Mundial de 1994 fue ganar la medalla de bronce en el torneo de futbol de los Olímpicos de 1936. Dos años más tarde, Noruega clasificó para el Mundial de 1938 en Francia con una escuadra compuesta principalmente por miembros del equipo olímpico. A pesar de que en la primera ronda fueron eliminados 2–1 en tiempo adicional, los noruegos le dieron un buen susto a Italia, el campeón del torneo anterior.

Hoy en día, Noruega es todavía un país de futbol amateur, cuyos mejores jugadores se ganan la vida en otros países; esto no ha permitido la formación de una escuadra fuerte y por esto Noruega no se ha considerado un potencia futbolística, aunque ha habido un progreso notable desde la llegada del entusiasta Tor Roste Fossen a la dirección de la selección nacional en 1980.

El famoso triunfo noruego 2–1 contra Inglaterra en las eliminatorias para el Mundial de España en 1982 le dio al futbol local un fuerte ímpetu, a pesar de que su selección terminó a la cola de su grupo. De aquí en adelante todos los directivos del conjunto nacional se dedicaron a mantener y fomentar este espíritu, especialmente desde 1990 cuando Egil "Drillo" Olsen tomó el mando para supervisar el progreso de la escuadra noruega hacia el Mundial de 1994.

DOMINACION EFECTIVA

Noruega inició su campaña clasificatoria goleando a San Marino 10–0 y derrotando luego a Holanda 2–1, triunfos que le dieron una ventaja temprana que los noruegos aprovecharon efectivamente para ganar la clasificación en su grupo, donde los favoritos eran Inglaterra y Holanda.

Cinco jugadores del conjunto noruego juegan para equipos de la liga inglesa: el guardameta Erik Thorstvedt, el defensor Stig Inge Bjornbye, el mediocampista Gunnar Halle y los delanteros Jostein Flo y Jan Age Fjortoft. Esto llevó a Olsen a comentar a modo de chiste que el rigor e intensidad de la liga inglesa era un arma secreta para abatir a sus jugadores antes de las eliminatorias para el Mundial de 1994. Pero éstos no son los únicos futbolistas noruegos que juegan en el extranjero: el defensor Rune Bratseth, el mejor jugador que Noruega ha producido, y el artillero Jahn Ivar Jakobsen juegan en Alemania y Kjetil Rekdal juega

EGIL OLSEN, más conocido como "Drillo" por su gusto por el drible cuando jugaba como delantero, nació el 22 de abril de 1942 en Fredrikstad, donde inició su carrera futbolística. Después de jugar para los equipos de Sarpsburg, Valerengen y Frigg, en 1972 representó a Noruega por primera vez en un evento internacional. Hizo estudios de entrenamiento en la Universidad Deportiva de Noruega y se desempeñó muy efectivamente a nivel profesional. Desde 1979, Olsen estuvo a cargo del equipo juvenil sub-21 y del equipo olímpico desde 1984. En 1990 fue contratado como director de la selección nacional.

técnico

en Bélgica. El gran éxito de Olsen, actualmente tal vez el personaje más popular de Noruega, ha sido integrar estos jugadores en un equipo efectivo, agresivo en la defensa y directo en el contraataque.

El guardameta Eric Thorstvedt, uno de los jugadores noruegos de más experiencia.

NORUEGA EN EL MUNDIAL

1938: Primera ronda

RESUMEN	
Partidos jugados:	1
Partidos ganados:	0
Partidos empatados:	0
Partidos perdidos:	1
Goles a favor:	1
Goles en contra:	2

*"*No me extrañaría que este equipo terminara como rival de Brasil en la final del próximo Mundial.*"*

Comentario de Pelé durante un partido de Noruega en Oslo en 1993.

final

EL DIRECTOR NORUEGO Egil Olsen se encierra en una oficina después de cada partido a mirar videos y tomar notas de cada jugada y se pasa días junto con sus jugadores analizando las jugadas y sugiriendo formas de mejorarlas. Antes de cada partido, igualmente, estudia las jugadas de los rivales y las discute en detalle con sus jugadores.

El futbol holandés tiene una larga tradición. En 1889 se fundó la Asociación Holandesa de Futbol, la más antigua fuera del Reino Unido e Irlanda. Holanda ganó medalla de bronce en los torneos de futbol de los Olímpicos de 1908, 1912 y 1920, y clasificó para los Mundiales de 1934 y 1938, aunque sólo jugó un partido en cada uno.

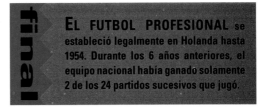

Holanda

¿La hora de la verdad?

Aunque Holanda volvió a clasificar para el Mundial hasta 1974, el futbol holandés continuó mejorando. A principios de la década de 1970, dos equipos holandeses, el Feyenoord y el Ajax Amsterdam, dominaron la Copa de Europa por 4 años consecutivos; Johann Cruyff, considerado el mejor jugador del mundo, estaba a la cabeza del conjunto holandés, uno de los equipos más destacados de la época; la selección holandesa jugaba un "futbol total", un estilo de juego fluido que permitía a sus habilidosos jugadores inter-cambiar posiciones cuando lo consideraban necesario. Esto, sin embargo, no evitó la derrota 2–1 en el Mundial de 1974 a manos de Alemania. En 1978, sin Cruyff

(quien rehusó viajar a Argentina por la situación política), Holanda sufrió una derrota por 3–1 contra esta última, convirtiéndose así en el primer país en perder dos finales consecutivas contra el país anfitrión.

EL RESURGIMIENTO DE 1980

Tal calidad futbolística no se volvió a ver hasta finales de la década de 1980, cuando Holanda ganó el Campeonato Europeo y era la favorita para triunfar en el Mundial de 1990. Desafortunadamente una lesión de Gullit y una falta de consistencia en el juego, ocasionaron que Alemania eliminara la selección holandesa en la segunda ronda.

Los mejores jugadores holandeses – los delanteros Marco van Basten y Gullit, el mediocampista Frank Rijkaard y el defensor Ronald Koeman – quienes recientemente han jugado más que todo en clubes italianos o españoles, no siempre juegan a la altura en certámenes internacionales y algunos han tenido desavenencias con los directivos. Durante la mayor parte de la fase clasificatoria para el Mundial de 1994, Van Basten estuvo lesionado y Gullit no quiso jugar. En estas circunstancias Holanda tuvo la suerte de poder obtener el mínimo número de puntos necesarios para la clasificación. Gullit, ahora recuperado y deseoso de jugar con la selección nacional, reforzará a nuevos jugadores como el artillero Dennis Bergkamp, los hermanos Frank y Roland de Boer, el astuto

final EL FUTBOL PROFESIONAL se estableció legalmente en Holanda hasta 1954. Durante los 6 años anteriores, el equipo nacional había ganado solamente 2 de los 24 partidos sucesivos que jugó.

El goleador holandés Bryan Roy jugó con el Ajax Amsterdam antes de unirse al club italiano Foggia.

puntero Marc Overmars y los delanteros Wim Kieft y Johnny Bosman. Si esta vez la escuadra holandesa decide jugar como en los viejos tiempos, es muy posible que alcance al fin el objetivo de ser el Campeón del Mundo en 1994.

SEGUNDO LUGAR, GRUPO 2, EUROPA

El holandés Marco van Basten espera estar recuperado de sus lesiones para el Mundial de 1994.

HOLANDA EN EL MUNDIAL

1934: Primera ronda	
1938: Primera ronda	
1974: Final	
1978: Final	
1990: Segunda ronda	

RESUMEN	
Partidos jugados:	20
Partidos ganados:	8
Partidos empatados:	6
Partidos perdidos:	6
Goles a favor:	35
Goles en contra:	23

técnico DICK ADVOCAAT nació el 27 de septiembre de 1947 y por mucho tiempo jugó como defensa en la liga holandesa con equipos como Ado Den Haag, Roda, VVV Venlo, Soarta Rotterdam y Utrecht. También jugó por un tiempo en EE.UU. (Chicago) y Bélgica (Berchem). Cuando se retiró se unió al grupo de entrenamiento del conjunto KNVB; más tarde pasó un tiempo con los clubes Haarlem y SVV antes de regresar de nuevo al KNVB. Durante el Campeonato Europeo de 1992 fue el ayudante de Rinus Michels, a quien un tiempo después reemplazó como director técnico de la escuadra nacional.

¡SCORE!

53

España

Solera y acero

WorldCup USA94

El futbol llegó a España con los mineros y marineros británicos que arribaron al norte de España a finales del siglo XIX. En honor a estos pioneros, uno de los clubes del área prefiere llamarse "Athletic" Bilbao y no Atlético. El colorido y habilidad individual del juego fueron un atractivo especial para los españoles, quienes adoptaron el futbol fácilmente y pronto se convirtieron en uno de los centros de excelencia futbolística, con clubes como el Real Madrid, uno de los más famosos del mundo, ganador de las primeras 5 Copas de Campeones de Europa en la década de 1950 y su gran rival, el Barcelona. Ambos equipos atraen una fanaticada de 75.000 espectadores.

DESILUSIÓN CON LA ESCUADRA NACIONAL

A pesar de haber sido campeones y subcampeones del Campeonato Europeo y del torneo de futbol de los Juegos Olímpicos, los resultados obtenidos por la selección española en el Mundial han frustrado repetidamente a sus fanáticos. Las rivalidades regionales parecen dominar en detrimento de los objetivos nacionales y en ocasiones se tiene la impresión de que, por ejemplo, los fanáticos del Barcelona preferirían ver a su equipo derrotar al Real Madrid que el conjunto nacional triunfar en el Mundial.

Javier Clemente, director técnico del conjunto español.

JAVIER CLEMENTE nació el 12 de marzo de 1950 en Baracaldo, Vizcaya. Comenzó su carrera futbolística en un club local antes de unirse al Athletic Bilbao en 1967. En 1969 ganó una medalla en la Copa de Ganadores y tuvo que retirarse del futbol activo en 1973 debido a una lesión en la rodilla y en este mismo año se unió al grupo de entrenamiento del Bilbao. En 1983, ganó el campeonato español y más tarde pasó un tiempo como entrenador del Atlético de Madrid. En 1992 fue nombrado director técnico de la escuadra española.

técnico

ESPAÑA EN EL MUNDIAL

	RESUMEN	
1934: Cuartos de final	**Partidos jugados:**	32
1950: Cuarta posición	**Partidos ganados:**	13
1962: Primera ronda	**Partidos empatados:**	7
1966: Primera ronda	**Partidos perdidos:**	12
1978: Primera ronda	**Goles a favor:**	43
1982: Segunda ronda	**Goles en contra:**	38
1986: Cuartos de final	*Las decisiones por penaltis cuentan*	
1990: Segunda ronda	*como empates y no se incluyen los goles*	

A pesar de la calidad de los jugadores españoles, la mejor actuación española en el Mundial fue en 1950 cuando terminó en 4º lugar; los resultados de 1978 en Argentina fueron deprimentes y en 1982, como anfitrión, España no produjo el triunfo esperado. Como en Italia, se pensó que el estado del futbol español se debía al número de futbolistas extranjeros y a las grandes sumas de dinero invertidas; por esto, a principios de la década de 1960, se prohibió la compra de jugadores extranjeros y se vio una mejoría pasajera, pero los clubes mismos se opusieron y pronto se abandonó esta práctica.

LLEGAN LOS VASCOS

La llegada de dos vascos, uno a la presidencia de la Federación y otro a la dirección técnica de la selección ha cambiado la situación. Este último, el pragmático Clemente, ha reorganizado el equipo con base en un núcleo de jugadores del Barcelona, como el experimentado artillero Julio Salinas y sus compañeros Aitor Beguiristain y Juan Antonio Goicoechea, el guardameta Andoni Zubizarreta, el defensor José Ferrer y los mediocampistas Josep Guardiola, Miguel Nadal y el incansable José María Bakero. Esta preponderancia de jugadores del Barça ha ocasionado fricción entre Clemente y los directivos del Barcelona, y ha llevado a situaciones embarazosas como la de Julio Salinas, cuyos goles contribuyeron considerablemente a la clasificación de la selección española, pero quien pocas veces hace parte de la plantilla principal de su equipo.

Por contraste, Clemente sólo escogió a dos jugadores del Real Madrid, el mediocampista Fernando Hierro y el delantero Luis Enrique, quienes contribuyeron decisivamente a la victoria 3–1 en Irlanda, convenciendo a los españoles de que podían obtener su pasaporte para el Mundial en EE.UU. En este partido Clemente se las arregló para combinar el colorido y destreza naturales del futbol español con el acero y la determinación vasca, una mezcla que augura resultados positivos en 1994.

El defensor español Fernando Giner (arriba).
Luis Enrique durante la decisiva victoria española por 1–0 sobre Dinamarca (abajo).

Rep. de Irlanda

Jack Charlton, el director técnico de la escuadra irlandesa.

Cuando el inglés Jackie Charlton se hizo cargo de la selección de Eire en 1986, el futbol irlandés comenzó mejorar, lo cual culminó con la clasificación del equipo esmeralda para su segundo Mundial consecutivo. La Asociación Irlandesa de Futbol fue establecida en 1921 y en 1949 Irlanda fue el primer país no británico en derrotar a Inglaterra en suelo inglés. Los mejores jugadores irlandeses, como muchos otros futbolistas profesionales, han jugado y aún juegan en clubes ingleses.

EXITO EN EL CAMPEONATO EUROPEO

Poco tiempo después de la llegada de Jackie Charlton, la escuadra irlandesa clasificó para el Campeonato Europeo de 1988, en la fase final del cual derrotó a Inglaterra y estuvo a punto de eliminar a Holanda, el campeón del certamen. Más tarde Eire —con sólo dos goles en contra en la fase eliminatoria— clasificó para el Mundial de 1990 y alcanzó su mayor logro internacional al llegar a los cuartos de final, después de golear a Rumania por 4–0 en penaltis. Irlanda luchó con brío y determinación ante 73.000 fanáticos en el estadio olímpico de Roma, pero sucumbió por 1–0 ante el anfitrión, Italia.

Charlton cuenta con un número muy limitado de jugadores y por esto astutamente ha hecho uso efectivo de las reglas de la FIFA que determinan los factores que permiten a un jugador representar a un país u otro. Esto le ha permitido adquirir legalmente a tres jugadores británicos, John Aldridge, Andy Townsend y Alan Kernighan, por el solo hecho de tener abuelos irlandeses. Charlton defiende su acción diciendo que la FIFA y no él establece las reglas.

El equipo irlandés y su director técnico han sido criticados por jugar un futbol de "disparos y carreras" y no el sofisticado futbol de pases. Charlton responde diciendo que el juego de los irlandeses se basa en sus puntos fuertes, uno de los cuales es Niall Quinn, jugador de 1.94m de altura, quien produce cabezazos estupendos y efectivos. El otro punto es el trabajo de equipo.

Muchos de los jugadores irlandeses se están acercando

SEGUNDO LUGAR, GRUPO 3, EUROPA

al final de sus carreras futbolísticas: el habilidoso defensor Paul McGrath cumplirá 34 años en 1994; su compañero Kevin Moran tendrá 38; el mediocampista Ray Houghton 32 y el artillero John Aldridge 35. 1994 puede ser la última oportunidad que los irlandeses tengan de causar una buena impresión en un Mundial; pero cualquiera que sea el resultado, tanto fanáticos como jugadores se van a divertir mucho en EE.UU.

Ray Houghton se estira para alcanzar el balón durante la victoria por 2–1 contra Albania.

LA REP. DE IRLANDA EN EL MUNDIAL

1990: Cuartos de final

RESUMEN

Partidos jugados:	5	Partidos perdidos:	1
Partidos ganados:	0	Goles a favor:	2
Partidos empatados:	4	Goles en contra:	3

final

EL IRLANDÉS PADDY MOORE fue el primer jugador en marcar 4 goles en un partido de la Copa del Mundo. En 1934, cuando Irlanda se conocía como el Estado Libre Irlandés, Moore marcó todos los goles irlandeses en un partido clasificatorio contra Bélgica que terminó empatado a 4 goles.

Rumania

Sobrevivientes de la revolución

Gheorghe Mihali, Ioan Sabu (Rumania) y Mark Hughes (Gales) en batalla por el esférico durante la final de las eliminatorias del grupo europeo 4.

Los cambios en Rumania desde la caída del régimen comunista y de la muerte del presidente Ceausescu no parecen haber afectado el futbol rumano y, por el contrario, la escuadra rumana está hoy jugando mejor futbol y obteniendo mejores resultados que en el pasado.

El futbol llegó a Rumania a finales del siglo pasado traído por ingenieros británicos y recibió el apoyo del rey Carol, quien fundó la Federación Rumana de Futbol en 1908 y quien insistió que su país debería participar en el primer Mundial en 1930. Aunque Rumania fue uno de los 4 países que compitieron en los 3 Mundiales celebrados antes de la 2ª guerra mundial, la selección rumana no volvó a participar hasta el Mundial de 1970, cuando su actuación no fue nada especial; en 1990, su victoria ante Dinamarca 3–1 les confirió su lugar en el Mundial de Italia, alcanzando a llegar a la segunda ronda por primera vez. En esta ocasión, fueron eliminados por penaltis por la República de Irlanda. En las eliminatorias para el Mundial de 1994, los rumanos ganaron la clasificación por su destreza y brío.

WorldCup USA94

CAOS Y ORDEN

Durante las eliminatorias de 1994, la goleada por 5–2 a manos de Checoslovaquia dejó a los rumanos con poco ánimo y posibilidades de clasificar, ante lo cual los directivos decidieron cambiar a todos los técnicos incluyendo el director. Los resultados fueron asombrosos: la escuadra rumana ganó los otros 3 partidos y terminó a la cabeza de su grupo.

Las mejorías que el futbol rumano ha visto en los últimos años se deben a un puñado de futbolistas cuya participación en otras ligas europeas atrajo los recursos que el juego desesperadamente necesitaba.

El mejor producto del futbol rumano es Gheorghe Hagi, llamado "el Maradona de los Cárpatos", un jugador brillante, con un potente cañón y buen control del

El rumano Gheorghe Hagi.

balón. En 1990, después del Mundial, Hagi fue contratado por el Real Madrid y más tarde por el club italiano Brescia. Marius Lacatus, el goleador del Steaua de Bucarest, se unió al Oviedo de España a finales de 1990 y en 1993 fue transferido al UNAM de México. Florin Raducioiu, autor de los 4 goles en el partido eliminatorio frente a las Islas Faroe, juega con el famoso club italiano AC Milán.

Se espera que Rumania juegue un futbol atractivo y agradable, aunque sin la pasión necesaria para llevarla a la final.

RUMANIA EN EL MUNDIAL

1930: Primera ronda	
1934: Primera ronda	
1938: Primera ronda	
1970: Primera ronda	
1990: Segunda ronda	

RESUMEN	
Partidos jugados:	12
Partidos ganados:	3
Partidos empatados:	3
Partidos perdidos:	6
Goles a favor:	16
Goles en contra:	20

Fue apenas en la década de 1980 que Bélgica logró salir de la penumbra futbolística causada por Holanda. En 1982 Bélgica terminó en el mismo grupo que Holanda en la fase clasificatoria y mientras esta última tuvo que quedarse en casa, Bélgica consiguió la clasificación. Desde entonces Bélgica parece haberse librado de un complejo de inferioridad y hoy día es un país prominente en el futbol europeo.

Bélgica

Bélgica fue uno de los fundadores de la FIFA, ganó el torneo en los Juegos Olímpicos de 1920 y fue uno de los pocos países que en 1930 se sobrepusieron al largo viaje a Uruguay para participar en el primer Mundial. Bélgica permaneció sin embargo al margen de los países fuertes hasta mediados de 1950, cuando se estableció en el país el futbol profesional. El reconocimiento internacional tuvo que esperar hasta 1970 cuando ganó su primer partido en el mundial con su victoria sobre El Salvador por 3–0. Paul van Himst, uno de los primeros jugadores belgas de altura internacional, era el capitán en ese entonces. Actualmente es el director.

A finales de la década de 1970 equipos belgas como Anderlecht, Mechelen, Brugge y Standard de Lieja empezaron a dejar su marca en los torneos internacionales y en 1980 Bélgica terminó en segundo lugar después de Alemania en el Campeonato Europeo. Luego vino el Mundial de 1982 en el que Bélgica derrotó al campeón mundial, Argentina, en el partido inaugural, pasando así a la segunda ronda por primera vez en su historia futbolística.

SEMIFINALISTAS EN 1986

El mejor Mundial para Bélgica fue el de 1986. Después de perder su primer partido, apenas logró pasar a la segunda ronda. Más tarde, sin embargo, pasó a la semifinal derrotando a la Unión Soviética por 4–3 en tiempo suplementario y a España por penaltis. Lamentablemente, en la semifinal Maradona acabó con las esperanzas belgas.

En la segunda ronda del Mundial de 1990, Bélgica perdió contra Inglaterra por un gol tardío en tiempo tiempo de prórroga. El director belga de muchos años, Guy Thys, quien se había retirado del futbol en ese entonces, tomó nuevamente las riendas del equipo, pero se retiró una vez más en 1991 para darle paso a Paul Van Himst.

Para el Mundial de 1994 Van Hist cuenta con un conjunto bien balanceado, con jugadores de gran experiencia y certificada calidad como el guardameta Michel Pred'homme y el defensa Georges Grun. En el medio campo tiene al ingenioso y evasivo Enzo Scifo, y al fuerte gladiador Frank Van der Elst. Todo lo que Van Himst necesita es un goleador confiable. Tal vez Luis Oliveira, brasileñó de nacimiento, cumpla esta función.

Cualquiera que sea su composición, el equipo belga tiene ahora mucha confianza en su habilidad futbolística, está dispuesto al combate y será un rival de respeto en 1994.

Georges Grun (arriba) ha participado en los Mundiales de 1986 y 1990.

El veterano Michel Preud'Homme (izquierda) ha sido el principal guardameta belga desde 1987.

técnico

PAUL VAN HIMST nació el 2 de octubre de 1943 en Leeuwe St Pierre. De 1959 a 1975 jugó como artillero para el Anderlecht y la selección belga y fue elegido cuatro veces Jugador Belga del Año. En 1975 se retiró del Anderlecht en medio de una polémica, pero regresó en 1979 como miembro del grupo de entrenamiento. Más tarde Van Himst sirvió con éxito como entrenador del Anderlecht y RWD Molenbeel y en 1991 fue nombrado entrenador nacional cuando Guy Thys se retiró.

final

BÉLGICA, en ocasiones se causa problemas a sí misma. En el Mundial de 1992, sus esfuerzos fueron afectados por una disputa interna sobre el patrocinador de sus botas de futbol. En 1984, su intento de ganar el Campeonato Europeo frasacó cuando se les sancionó con suspensiones por corrupción.

BELGICA EN EL MUNDIAL

		RESUMEN	
1930:	Primera ronda	Partidos jugados:	25
1934:	Primera ronda	Partidos ganados:	7
1938:	Primera ronda	Partidos empatados:	4
1954:	Primera ronda	Partidos perdidos:	14
1970:	Primera ronda	Goles a favor:	33
1982:	Segunda ronda	Goles en contra:	49
1986:	Semifinal		
1990:	Segunda ronda		

Los penaltis cuentan como empates y no se incluyen los goles

Grecia

El empuje helénico

En 1994, Grecia hará su debut en el Mundial. La primera vez que Grecia participó en las eliminatorias para el Mundial hace 60 años, debía clasificar jugando 2 partidos contra Italia, en casa y lejos de casa, pero no se molestó en jugar el segundo partido después de haber perdido el primero por 4–0.

Durante esos 60 años Grecia ha jugado un futbol apasionante para sus aficionados, pero nunca ha llegado a producir jugadores que consigan buenos resultados en torneos internacionales. Tal vez la pasión ha sido excesiva pues el futbol griego se ha caracterizado por violencia en el campo de juego y fuera de él.

Grecia hizo su debut internacional en los Olímpicos de 1920. El mejor logro griego hasta la fecha ha sido el llegar a las finales del Campeonato Europeo bajo la dirección de Alketas Panagoulias. La escuadra griega jugó con mucho aplomo, pero lo mejor que pudo conseguir fue un empate

WorldCup USA94

técnico

ALKETAS PANAGOULIAS nació el 30 de mayo de 1934 en Salónica. De 1954 a 1962 jugó como defensa en Aris Salonika y en la escuadra nacional griega. En 1967, se hizo entrenador; en 1969 fue subdirector de la escuadra griega y en 1971 su director técnico. En 1981 aceptó el cargo de director del Olympiakos; en 1982 emigró a EE.UU. y se asoció con el equipo Cosmos de Nueva York. Fue entrenador del equipo de EE.UU. que participó en los Olímpicos de Los Angeles y en las eliminatorias para el Mundial de 1986. Este mismo año, regresó a Grecia como director técnico de Olympiakos y en 1991 empezó su segundo mandato como director del equipo nacional.

El conjunto griego antes del excelente empate a un gol en mayo de 1993 en Moscú. Al ganar el partido de revancha 1–0 en noviembre del mismo año, la selección griega terminó a la cabeza de su grupo.

EL FUTBOL PROFESIONAL

final

Los equipos Olympiakos y Panathinaikos han dominado el futbol profesional griego por muchos años y han ganado tres cuartas partes de los trofeos locales. Desde que ganó el subcampeonato de la Copa de Europa en 1971, Penathinaikos ha causado una buena impresión en el futbol europeo. Olympiakos, de otra parte, se recuerda por un embrollo financiero a finales de la década de 1980 en el cual su presidente, quien también era el gerente del Banco de Creta, se vio implicado en transacciones ilegales.

sin goles contra Alemania en la fase final. El equipo juvenil griego, por su parte, llegó a la final del Campeonato Juvenil Europeo en 1988, pero resultó derrotado por Francia. Uno de sus miembros, Nikos Noblias, promete ser una figura clave en 1994.

LA SUERTE FAVORECE A GRECIA

La suerte le sonrió a Grecia en la fase eliminatoria del Mundial de 1994 cuando el poderoso equipo yugoslavo fue excluido a causa de la guerra civil. Esto hizo posible que, junto con Rusia, Grecia clasificara fácilmente.

El director técnico del equipo griego, Panagoulias, espera con placer el viaje a EE.UU. Su veterano mediocampista Tassos Mitropoulos, está seguro de que el conjunto griego logrará un buen resultado porque los diferentes clubes dejarán a un lado sus diferencias y rivalidades para que el equipo nacional pueda así aprovechar esta oportunidad única y se destaque ante la afición mundial. La selección griega tiene la experiencia necesaria, especialmente en la defensa, donde el guardameta Antonis Minou forma una sólida muralla junto con los defensores Stratos Apostolakis y Stelios Manolas. En el medio campo se destaca el ingenioso Vasilias Karapialis, mientras que la delantera cuenta con el veloz Vasilis Dimitriados y Nikos Noblias.

Los griegos esperan el apoyo de la comunidad grecoamericana en EE.UU. El consenso general es que la escuadra griega no pasará de la primera ronda, pero también es posible que logren resultados inesperados.

Rusia

Los cambios políticos en Europa han dejado sentir su efecto en el futbol. Rusia tomó el lugar asignado a la Unión Soviética para las eliminatorias del Mundial de 1994. Su clasificación fue facilitada por el retiro de Yugoslavia debido a las sanciones impuestas por la ONU y la desintegración del conjunto húngaro después de la caída del régimen comunista.

A los jugadores de la antigua Confederación Soviética (y de la Unión de Estados Independientes, entidad que la reemplazó como cuerpo deportivo) se les dio la opción de jugar o para Rusia o para sus nuevas repúblicas independientes (Ucrania, Georgia, etc). Muchos de ellos, por ejemplo, Igor Dobrovolski, Sergei Yuran y Andrei Kanchelskis, escogieron representar a Rusia, simplemente para participar en la Copa del Mundo de 1994. Para ellos jugar al futbol – que es como se ganan la vida – es más importante que el patriotismo. La primera muestra de futbol soviético a nivel internacional ocurrió en

SEGUNDO LUGAR, GRUPO 5, EUROPA

LA UNION SOVIETICA EN EL MUNDIAL

1958: Cuartos de final	**RESUMEN**
1962: Cuartos de final	
1966: Semifinales	Partidos jugados: 31
1970: Cuartos de final	Partidos ganados: 15
1982: Segunda ronda	Partidos empatados: 6
1986: Segunda ronda	Partidos perdidos: 10
1990: Primera ronda	Goles a favor: 53
	Goles en contra: 34

final

RUSIA PARTICIPÓ en los Juegos Olímpicos de 1912, pero su único logro notable fue el permitirle a Gottfried Fuchs, de Alemania, marcar 10 goles en un partido en el que Rusia perdió 16–0.

1945 cuando el equipo Dínamo de Moscú hizo una gira por la Gran Bretaña para jugar 4 partidos. Dínamo demostró ser un equipo bien organizado y disciplinado, alcanzó buenos resultados y exhibió un futbol interesante. Poco después la "Cortina de Hierro" descendió sobre el futbol soviético. Una escuadra soviética apareció en los Juegos Olímpicos de 1952 y en 1956 el equipo soviético ganó el torneo olímpico. En 1958 y 1962 llegaron a los cuartos de final y entre estas dos fechas, en 1960, ganaron el primer Campeonato Europeo. En 1966 tuvieron su mejor desempeño fubolístico al lograr pasar a la semifinal.

KIEV

Las escuadras soviéticas siempre daban la impresión de estar bien entrenadas, ser disciplinadas y de estar en buen estado físico, pero carecían de inspiración, casi como si fueran robots. Todo esto cambió con la aparición del imaginativo y vibrante Dínamo de Kiev en la Copa de Campeones de Europa de 1975.

En el Mundial de 1986, los soviéticos, con el entrenador y 12 jugadores de Kiev en la selección, jugaron un futbol convincente, pero desafortunadamente sus ambiciones fueron frustradas por los belgas, quienes los derrotaron 4–3 en tiempo suplementario. En cambio en 1988, cuando su actuación

no fue tan destacada, terminaron de subcampeones en el Campeonato Europeo.

La fuerte selección soviética bajo la tutela de Pavel Sadyrin podría tener un buen desempeño en el Mundial de 1994. Igor Shalimov se convirtió en el jugador ruso más caro cuando Internazionale de Milán lo compró por 10 millones de dólares. Shalimov por su parte espera demostrarle al Internazionale que cometió un error al vendérselo al Udinese. Viiktor Onopko fue el Futbolista ruso del año en 1993 y junto con Shalimov y Dobrovolski forman una potente conjunto de medio campo.

Cualquiera que sea la razón, todos los futbolistas soviéticos querrán causar una buena impresión en el Mundial de 1994.

técnico

PAVEL FEDOROVICH SADYRIN nació el 8 de septiembre de 1942 en Leningrado (ahora llamado San Peterburgo). Sadyrin jugó de 1963 a 1976 para el equipo Zenit de Leningrado; desde 1976 fue miembro del grupo técnico y desde 1983 hasta 1987 entrenador. Sadyrin entrenó a CSKA Moscú de 1989 a 1992. En este mismo año fue elegido entrenador cuando se desbandó el equipo de la UEI y se formó la escuadra rusa.

Igor Dobrovolski (arriba derecha), autor del único gol de la CEI en el Campeonato Europeo de 1992, y Sergei Yuram (izquierda) decidieron representar a Rusia en el Mundial de 1994.

Suecia

Un regalo de Papá Noel

El sueco Thomas Brolin es sujetada por el francés Paul le Guen durante el partido clasificatorio para el Mundial de 1994.

GANADOR, GRUPO 6, EUROPA

Las contorsiones y complicaciones de las eliminatorias europeas en las que su país participó, hacen pensar al director técnico de la escuadra sueca, Tommy Svensson, que la clasificación sueca para el Mundial de 1994 es un regalo de Papá Noel.

Los suecos deben su lugar en el Mundial no tanto a su triunfo 3–2 ante Finlandia, sino más que todo por la sorpresiva derrota de Francia 3–2 a manos de Israel, equipo que hasta entonces no había ganado un solo partido en el grupo.

Svensson recibió las noticias de este resultado durante las calladas celebraciones después del partido con Finlandia. Al principio no podía creerlo, pues esto significaba un regalo (¡de Papá Noel!) para Suecia, pero ahora que sabe que la suerte está de su lado, piensa que no hay razón para que algo parecido no pase en el Mundial mismo.

"Esto es lo mejor que nos ha podido pasar", dijo al enterarse del resultado en París. "Ahora sí que creo en Papá Noel. ¡Debe vivir en Smaland!" (Smaland es una región al sur de Suecia, donde viven Martín Dahlin y Henrik Larsson, autores de los goles contra Finlandia.) Cuando la buena noticia fue confirmada las celebraciones se hicieron más ruidosas y los jugadores levantaron en hombros a Svensson, lo llevaron en triunfo por el hotel y lo tiraron sin mucha ceremonia en una fuente al frente de la entrada.

Thomas Ravelli, el veterano guardameta que ha representado a su país en más de 100 eventos internacionales, dijo "No podía creerlo. Cuando vi el resultado en la televisión pensé que era un error. Pero me di cuenta de que era cierto cuando oí el ruido de las celebraciones."

PROBLEMAS

Svensson tiene muchos problemas que resolver antes del inicio del Mundial en EE.UU. Jonas Thern, el efectivo mediocampista, no se ha recuperado de sus lesiones y Tomas Broli, quien se hizo famoso en el Mundial de 1990 y juega para el Parma en Italia, está tan preocupado por su mal estado físico, que le pidió a Svensson que no lo seleccionara. El veterano artillero Johnny Ekstrom, quien juega para el Reggiana en Italia, tampoco está muy dispuesto a hacer parte de la escuadra sueca porque piensa que normalmente en los partidos se le da preferencia a su compañero Martín Dahlin, jugador del club Borussia Mönchengladbach. El alero Anders Limpar, aunque en la plantilla del club inglés Arsenal, no ha tenido suficiente experiencia profesional, pues normalmente juega como suplente.

Suecia siempre ha tenido problemas con los jugadores "exiliados". Para el Mundial de 1950 en Brasil, donde los suecos terminaron en tercera posición, la Federación Sueca de Futbol vetó la participación de los futbolistas suecos que jugaban en Italia por considerarlos "profesionales". Los suecos

SUECIA EN EL MUNDIAL

1934: Cuartos de final	**RESUMEN**	
1938: Semifinal		
1950: Grupo final (tercero)	Partidos jugados:	31
1958: Final	Partidos ganados:	11
1970: Primera ronda	Partidos empatados:	6
1974: Segunda ronda	Partidos perdidos:	14
1978: Primera ronda	Goles a favor:	51
1990: Primera ronda	Goles en contra:	52

"italianos" no pudieron representar a su país hasta el Mundial de 1958. El éxito del inglés George Gaynor, director técnico en la década de 1950, en impulsar el futbol sueco a alcanzar alto nivel profesional, hizo posible la participación de Suecia en los Mundiales de 1950 y 1958 y es un buen augurio para Svensson 4 décadas más tarde.

El guardameta Ravelli muestra su incredulidad y asombro por la eliminación del equipo francés del Mundial de 1994.

TOMMY SVENSSON, nacido el 4 de marzo de 1945, comenzó su vida profesional en 1965 con el Osters Vaxjo como jugador de tiempo parcial, con el cual jugó más de 700 partidos. En 1969 fue elegido Futbolista Sueco del Año. Jugó después para el Standard de Lieja por dos temporadas y en el Mundial de 1970 se desempeñó como mediocampista en la selección sueca. En 1977 se dedicó al entrenamiento de equipos en Noruega y Suecia. En 1990 fue nombrado director técnico del conjunto sueco.

técnico

El búlgaro Luboslav Penev juega para el equipo español Valencia.

Bulgaria

Bulgaria tiene el **récord** único de haber clasificado 6 veces para el Mun- dial y de haber perdido los 16 partidos que ha jugado, lo que constituye el récord más alto de intentos fracasados en la historia del Mundial.

El futbol fue introducido en Bulgaria en 1894 y popularizado por estudiantes que habían aprendido a jugar en la universidad de Constantinopla. Una asociación y una liga se establecieron en 1923 y un año más tarde fueron admitidos a la FIFA.

En 1945 la Asociación Búlgara de Futbol quedó en manos del gobierno y con el tiempo todos los jugadores se convirtieron en empleados públicos. De aquí en adelante, el futbol búlgaro vino a ser dominado por dos clubes: el antiguo Levski Sofía y el CSKA Sofía, que nació del equipo de futbol del ejército. Entre los pocos jugadores famosos que han surgido de Bulgaria, se destacan el magnífico artillero Georgi Asparoukhov, quien no pudo jugar en los Mundiales de 1966 y 1970 por haber sido lesionado durante las eliminatorias y quien sufrió un año más tarde un fatal accidente automovilístico.

TRIUNFO TARDÍO EN LA ELIMINATORIAS

Durante la fase eliminatoria para el Mundial de 1994, el futbol búlgaro estaba en crisis. Los clubes no tenían dinero, la asistencia a los partidos había disminuido, los jugadores estaban pidiendo excesivos salarios y querían irse a jugar a otros países. El Levski amenazó con una huelga cuando perdió un partido importante porque, a pesar de que 8 de sus jugadores pertenecían a la escuadra nacional, se les obligó a jugar inmediatamente después del partido clasificatorio contra

final

EL MAYOR LOGRO BÚLGARO en el futbol internacional fue el llegar a la final del torneo de futbol de los Juegos Olímpicos de 1968, donde abrieron el marcador, pero terminaron perdiendo 4-1 contra Hungría, después de que 3 de sus jugadores fueron expulsados.

Austria, el cual terminó en la victoria 4–0 que le abrió las puertas para el Mundial en EE.UU. Para clasificar, Bulgaria tenía que derrotar a Francia, lo cual lograron con un gol en el último minuto, a pesar de haber estado en desventaja la mayor parte del partido. Por coincidencia, exactamente 32 años antes, Bulgaria había vencido a Francia también con un gol tardío que ocasionó un partido de revancha, en el cual ganó el derecho a participar en el Mundial de 1962.

El autor del gol que le dio a Bulgaria el pasaporte a EE.UU. fue Emile Kostadinov, el artillero que en 1989 se unió al club Porto de Portugal. Pero el futbolista búlgaro más conocido es Hristo Stoichkov, elegido Jugador Búlgaro del Año en 1989, 1990 y 1991. Stoichkov, transferido al Barcelona por 3 millones de dólares, la suma más alta pagada por un jugador búlgaro, es también un artillero. Otro artillero es Luboslav Penev, quien juega para el Valencia. El punto fuerte del equipo búlgaro está en su delantera y se espera que su artillería esté a la altura en EE.UU. para así romper la racha de 16 partidos internacionales sin una sola victoria.

Dos defensores búlgaros neutralizan al francés Papin.

técnico

DIMITER PENEV, nacido el 12 de julio de 1945, jugó como defensa centro de la selección búlgara en los Mundiales de 1962, 1966 y 1970. Jugó toda su carrera profesional con el equipo del ejército CSKA Sofía y más tarde se desempeñó como entrenador del mismo, antes de ser nombrado director técnico de la escuadra nacional en 1990. Penev viene de una familia de futbolista: Un tío suyo jugó en el Sporting Lisboa y uno de sus sobrinos, Luboslav Penev juega en el Valencia.

BULGARIA EN EL MUNDIAL

		RESUMEN:	
1962:	Primera ronda	Partidos jugados:	16
1966:	Primera ronda	Partidos ganados:	0
1970:	Primera ronda	Partidos empatados:	6
1974:	Primera ronda	Partidos perdidos:	10
1986:	Segunda ronda	Goles a favor:	11
		Goles en contra:	35

Colombia

Finalmente con los grandes

técnico

FRANCISCO MATURANA nació el 15 de febrero de 1949 y comenzó su carrera profesional con el Atlético Nacional, al cual regresó como entrenador en 1983. Fue nombrado director de tiempo parcial de la escuadra nacional en 1987 y de tiempo completo para el Mundial de 1990. Después se fue a servir como director del Valladolid y regresó a Colombia en 1993 a tomar las riendas de la selección nacional.

Colombia ganó fama futbolística en 1950 cuando en Bogotá un grupo rebelde al margen de la FIFA sedujo a algunos de los futbolistas más famosos de la época con sumas de dinero tan enormes que el club más importante adoptó el nuevo nombre "Club Deportivo de Millonarios". Afortunadamente el plan no tuvo mucho éxito y Colombia pronto se reintegró al futbol mundial. En 1962 Colombia clasificó para el Mundial de Chile por primera vez en su historia, y proporcionó la mayor sorpresa del torneo al empatar a 4 goles con la Unión Soviética, después de conceder 3 goles en los primeros 11 minutos del partido.

En 1970 Colombia y el futbol aparecieron juntos otra vez en los titulares de la prensa mundial cuando, de paso para el Mundial de México, Bobby Moore fue detenido en Bogotá por sospecha de robo de un

WorldCup USA94

*Fredy Rincón,
uno de los
tres nuevos defensas de la selección colombiana.*

brazalete. La acusación no se sostuvo por mucho tiempo y pronto la selección inglesa continuó su viaje hacia México.

RESULTADOS POSITIVOS

En la década de 1980 Colombia empezó a obtener buenos resultados en torneo internacionales. En 1987 terminó en tercer lugar en el Campeonato Suramericano y su jugador estrella, Carlos Valderrama, fue el primer colombiano en ser elegido Futbolista Sudamericano del Año. En 1989, el Atlético Nacional de Medellín ganó la Copa Libertadores y en 1990 clasificó para el Mundial por segunda vez. A pesar de jugar un futbol de mucho colorido, la selección colombiana fue eliminada por Camerún en el Mundial de Italia.

Lastimosamente, se ha inculpado al futbol colombiano de actividades ilícitas y algunos de los clubes más ricos han sido acusados de 'lavar' dinero del narcotráfico. El asesinato de un árbitro en 1989, atribuido a los 'barones de la droga', ocasionó la suspensión de la liga nacional.

Afortunadamente será el futbol y nada más lo que importará en el Mundial en EE.UU. En 1993 el conjunto colombiano tuvo un año excelente que le mereció la clasificación después de golear a Argentina por 5–0 en Buenos Aires. Colombia juega un futbol atractivo, de gran capacidad ofensiva, y con brillantes jugadores, como Valderrama y Asprilla, Freddy Rincón y Adolfo Valencia en el ataque, podría brindar una agradable sorpresa en EE.UU.

COLOMBIA EN EL MUNDIAL

1962	Primera ronda	Partidos ganados:	1
1990	Segunda ronda	Partidos empatados:	2
		Partidos perdidos:	4
RESUMEN:		Goles a favor:	9
Partidos jugados:	7	Goles en contra:	15

LA SEDE DEL MUNDIAL DE 1986 le fue otorgada en principio a Colombia, pero debido a las adversas condiciones políticas y económicas de la época, Colombia decidió renunciar y México se ofreció en su lugar.

L**os** brasileños son los futbolistas más populares de todo el mundo, no sólo porque juegan bien –es el único equipo que ha clasificado en todos los 14 Mundiales hasta la fecha– sinó también porque tienen fama de ser los jugadores más impresionantes y más audaces. El Mundial siempre pierde su atracción cuando los reyes de la zamba son eliminados.

La fama de Brasil empezó en la década de 1950. Se esperaba que ganara el Mundial de 1950, pero lo perdió en el último partido. Esperaba ganar en 1954, pero su encuentro con los húngaros produjo su derrota en cuartos de final. En 1958, gracias a Pelé, Brasil resplandeció y ganó la Copa, victoria que fue repetida en 1962. En 1970, año que marcó la última actuación de Pelé en el Mundial, Brasil ganó la Copa por tercera vez y se hizo por esto dueño del trofeo Jules Rimet, el primer país en conseguir este honor.

MÉTODOS A TODA PRUEBA PARA 1994

El entrenador actual del equipo brasileño es Carlos Alberto Parreira, quien prometió un regreso a los "viejos tiempos" de astucia y aventura. Pero las cosas comenzaron mal en

El brasileño Marcio Santos, se eleva por encima del alemán Karl-Heinz Riedle.

La escuadra brasileña que se enfrentó a Alemania en la Copa de EE.UU. de 1993. Brasil tomó la delantera 3–0, pero más tarde los alemanes lograron empatar a tres goles.

Brasil

Los magos del futbol

el Campeonato Sudamericano de 1993 y en la Copa de EE.UU. En las eliminatorias para el Mundial, después de dos partidos desastrosos, se inició una campaña general contra Parreira. Brasil, a pesar de haber perdido otro punto, se recuperó y ganó su lugar en el Mundial al derrotar a Uruguay 2–0.

La escuadra brasileña en 1994 contará principalmente con futbolistas que juegan en Europa, tales como el veterano guardameta Taffarel; el ingenioso Jorginho Branco, Ricardo Rocha y Ricardo Gomes en la defensa; Dunga, experto en tiros libres; Rai en el medio campo y el astuto Bebeto en la delantera, acompañado por el ágil Romario, quien fue sancionado por indisciplina en 1992. Afortunadamente Romario pudo jugar en el decisivo partido contra Uruguay, en el cual marcó dos goles vitales en los 20 minutos finales. Los jugadores brasileños, "los chicos de Parreira", poseen las destrezas suficientes para hacer resplandecer el Mundial de 1994, pero ¿podrán ganar el torneo esta vez?

> *" Me pregunto si debería continuar. Uno tiene que ser una especie de RoboCop para hacer este trabajo.*

CARLOS ALBERTO PARREIRA, director de Brasil, durante la campaña para forzarlo a dimitir.

BRASIL EN EL MUNDIAL

1930: Primera ronda		1986: Cuartos de final	
1934: Primera ronda		1990: Segunda ronda	
1938: Semifinal (tercer lugar)		**Resumen**	
1950: Subcampeones		Partidos jugados:	66
1954: Cuartos de final		Ganados:	44
1958: Campeones		Empatados:	11
1962: Campeones		Perdidos:	11
1966: Primera ronda		Goles a favor:	148
1970: Campeones		Goles en contra:	65
1974: Semifinal			
1978: Semifinal (tercer lugar)		*Las decisiones por penaltis cuentan como empates y no se incluyen los goles.*	
1982: Segunda ronda			

63

Bolivia

¿De suerte por tercera vez?

Xavier Azkargorta.

técnico

XAVIER AZKARGORTA nació el 29 de septiembre de 1953 en Azpeitia, Guipuzcoa, España. Su carrera futbolística empezó con Real Sociedad y Athletic Bilbao, y fue acortada por una lesión que lo hizo retirar y convertirse en entrenador en 1976. En 1983 trabajó como entrenador para el Español y más tarde para el Valladolid y el Sevilla. En 1991 comenzó una corta carrera como comentador de futbol para la TV y en diciembre de 1992 fue nombrado entrenador de Bolivia.

En 1994 Bolivia participará en el Mundial por tercera vez, pero ésta será la primera ocasión que ha ganado la clasificación. Bolivia participó en el primer Mundial en 1930 junto con todos los otros países que se inscribieron y en 1950 reemplazó a Argentina cuando esta última decidió no participar. Dados los desastrosos resultados de los 3 partidos que Bolivia ha jugado en estos 3 Mundiales (4–0 frente a Yugoslavia, 4-0 ante Brasil y 8–0 frente a Uruguay), en 1994 la escuadra boliviana espera ansiosamente ganar su primer partido y, ciertamente, ¡marcar su primer gol!

El futbol se ha jugado en Bolivia desde 1890 y a finales de la década de 1920 ya se había establecido una federación y un campeonato. En 1930 se construyó el estadio nacional en La Paz, a 3.600m de altura, lo que parece conferirle una ventaja al equipo local. En ocasiones, los equipos visitantes han hecho contribuciones a la Federación Boliviana de Futbol con tal de jugar los partidos en otro estadio. En 1963, por primera y única vez, Bolivia ganó la Copa América, celebrada en La Paz. La altitud también parece haber favorecido a los bolivianos durante las eliminatorias para el Mundial de EE.UU.

UN ENTRENADOR ESTRICTO

Xavier Azkargorta se puso al mando del conjunto boliviano en 1992, en medio de una disputa entre los jugadores y la Federación. Parte de su estrategia consistió en llevar a su equipo a una larga gira que terminó en Barcelona, donde Azkargorta organizó una serie de encuentros con equipos fuertes y sometió a los jugadores a exámenes médicos, para separar a los buenos de los mediocres. Azkargorta aprovechó la Copa América de 1993, para escoger el equipo que competiría en las eliminatorias para el Mundial de 1994: Carlo Trucco en la portería; William Ramallo en la delantera como punta de lanza en una alineación 5–4–1; Erwin Sánchez, su mejor jugador, en el medio campo y el artillero Marco Etcheverry como principal apoyo para Ramallo.

Azkargorta convenció a sus jugadores de la efectividad de la nueva alineación y les inspiró confianza en las nuevas tácticas, con el resultado deseado: el conjunto boliviano ahora juega un futbol diestro y directo. Las eliminatorias comenzaron con la goleada a Venezuela por 7–1 en Caracas, continuó con la sorpresiva derrota a Brasil por 2–0 en la Paz y culminó con la victoria 3–0 sobre Uruguay. Aunque los bolivianos perdieron sus partidos fuera de casa contra Brasil y Uruguay, alcanzaron a ganar su entrada a EE.UU., donde su entusiasmo y confianza en sí mismos podrían impulsarlos a lograr algún éxito –¡aunque sea su primer gol en un Mundial!

Julio Baldiviesco, miembro de la escuadra boliviana que clasificó para el Mundial.

final

EL VASCO Xavier Azkargorta, director técnico del equipo boliviano, debe tener el récord mundial de distancia entre casa y oficina. Su casa está en España y su oficina en Bolivia. Cuando su familia supo de la oferta de trabajo, hubo oposición porque no querían irse a vivir a Bolivia, pero cambiaron de parecer al saber que Xavier podría regresar a casa con frecuencia.

BOLIVIA EN EL MUNDIAL

1930: Primera ronda	Partidos ganados:	0
1950: Segunda ronda	Partidos empatados:	0
	Partidos perdidos:	3
RESUMEN	Goles a favor:	0
Partidos jugados: 3	Goles en contra:	16

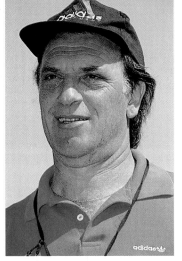

Alfio Basile. el director técnico argentino.

Argentina

Argentina es el país sudamericano de más larga tradición futbolística: allí se formaron los primeros clubes, se jugó la primera liga y se estableció la primera federación de futbol en Sudamérica. El primer encuentro internacional celebrado fuera de la Gran Bretaña tuvo lugar en Buenos Aires.

Los primeros partidos entre River Plate, fundado en 1901 por los británicos, y Boca Juniors, fundado en 1913 por un irlandés y un grupo de inmigrantes italianos, contribuyeron a la formación de un seleccionado nacional fuerte y profesional, que terminó de subcampeón en los Olímpicos de 1928 y en el Mundial de 1930.

La llegada del profesionalismo alrededor de 1930 contribuyó a la expansión del futbol argentino hasta finales de la década de 1940 cuando los mejores futbolistas locales fueron atraídos por las grandes sumas de dinero ofrecidas, primero por equipos uruguayos y más tarde por las grandes ligas de España e Italia. Argentina ha proporcionado muchos de los mejores jugadores a los equipos extranjeros, desde Alfredo Di Stefano en la década de 1950 hasta Diego Maradona en la década de 1980.

Argentina se retiró del Mundial de 1950, no se inscribió para el de 1954 y su actuación en 1958 y 1962 no estuvo a la altura de un país de su tradición futbolística. En 1966, cuando tenía un equipo fuerte, perdio una gran oportunidad cuando su capitán, Antonio Rattin, fue expulsado en los cuartos de final. En esta época, por contraste, los clubes argentinos tuvieron éxito en la Copa Libertadores y el Campeonato Mundial de Clubes. La selección argentina no tuvo la misma suerte en el Mundial hasta 1978 cuando, como anfitrión, ganó el Campeonato, hazaña que repitió en 1986, gracias a la extraordinaria actuación de Maradona. En 1990, sin embargo, las tácticas sucias empleadas por Argentina mancharon su reputación como potencia futbolística y disminuyeron el prestigio del Mundial.

EL ÚLTIMO MUNDIAL DE MARADONA
Alfo Basilio, el nuevo director técnico, está decidido a cambiar esta imagen negativa en el Mundial de 1994. Maradona, con un mejor físico aunque un poco lento, estará de nuevo en acción y tratará de demostrar una vez más que aún es el mejor jugador del mundo. Con Sergio Goycochea, el guardameta con la habilidad de atrapar penaltis, Oscar Ruggeri, el mejor defensor del mundo, y Fernando Redondo en el medio campo, los fanáticos esperan que su equipo produzca el futbol que asombró al mundo en 1986.

SEGUNDO LUGAR, GRUPO A, SUDAMÉRICA

Derrotó a Australia (ganador del grupo Oceania/CONCACAF) en un partido eliminatorio

El artillero argentino Diego Simeone en acción contra Colombia durante la Copa América de 1993.

ALFIO BASILE, nacido el 1 de noviembre de 1943, tuvo una carrera exitosa como defensa centro en el equipo Racing Avellaneda, con en el Campeonato Suramericano de Clubes y el Copa Mundial de Clubes. Después de terminar su carrera como jugador con el Huracán, se dedicó al entrenamiento de otros futbolistas con clubes tan diversos como el Chacarita Juniors, el Rosario Central, el Racing, el Instituto Córdoba, el Nacional de Uruguay, el Talleres Córdoba y el Vélez Sarsfield. Después del Mundial de 1990, reemplazó a Carlos Bilardo como director técnico de la selección nacional.

ARGENTINA EN EL MUNDIAL

1930: Final	
1934: Primera ronda	**RESUMEN**
1938: Primera ronda	
1962: Primera ronda	Partidos jugados: 48
1966: Cuartos de final	Partidos ganados: 24
1974: Segunda ronda	Partidos empatados: 9
1978: Ganadores	Perdidos: 15
1982: Segunda ronda	Goles a favor: 81
1986: Ganadores	Goles en contra: 58
1990: Final	*Las decisiones por penaltis se consideran empates y no se incluyen los goles.*

HISTORIA DEL MUNDIAL DE FUTBOL

El futbol moderno comenzó en Inglaterra en 1863 con la formación de la Asociación de Futbol (Football Association). En 1904, cuando el futbol ya se había extendido a muchas partes del mundo, representantes de Bélgica, Dinamarca, Francia, Holanda, España, Suecia y Suiza se reunieron en París para formar la FIFA *(Fédération Internationale de Football Association)*, la Federación Internacional de Futbol. Los británicos, líderes mundiales del balompié, permanecieron indiferentes a esta iniciativa y no tomaron parte en el Mundial de Futbol hasta 1950.

Los pretenciosos británicos hasta se retiraron del torneo de futbol de los Juegos Olímpicos de 1928 por considerar inferior el nivel de los jugadores de los demás países participantes. La FIFA, por su parte, decidió organizar su propio torneo profesional al que popularmente se llamó "la Copa del Mundo", que más tarde se denominó oficialmente "Trofeo Jules Rimet", en memoria del primer presidente de la FIFA, un francés que trabajó arduamente en la fundación de la organización. Inicialmente muchos países se ofrecieron como sede del primer Campeonato Mundial en 1930, pero gradualmente cambiaron de modo de pensar, excepto Uruguay, el campeón de los Juegos Olímpicos de 1928.

KICK!

URUGUAY 1930

En el Mundial de 1930, de los 41 miembros de FIFA sólo 13 tomaron parte. Europa envió 4 de sus equipos más débiles. Los demás países desistieron por considerar demasiado largo el viaje de un mes en barco. Todos los encuentros se llevaron a cabo en Montevideo. Los cuatro equipos europeos fueron distribuidos en grupos diferentes y de éstos solamente Yugoslavia pasó a la semifinal junto con Argentina, Estados Unidos y Uruguay. Las semifinales, ganadas por Argentina y Uruguay, terminaron con el mismo marcador 6–1. Los dos finalistas no pudieron ponerse de acuerdo en cuál balón se debería usar y al fin se decidió jugar el primer tiempo con el balón argentino y el segundo con el uruguayo. A mitad del partido, Argentina iba ganando 2–1, pero Uruguay se recuperó y terminó ganando 4–2. Al día siguiente los argentinos atacaron el consulado de Uruguay en Buenos Aires. Esta fue la primera manifestación de violencia en el Mundial.

El guardameta argentino Botasso es vencido por Santos Iriarte, "el Canario", con un gol que cambió el marcador a 3–2 en favor del anfitrión del Mundial de 1930. Más tarde Uruguay marcó otro gol asegurando así la victoria en Montevideo.

ITALIA 1934

Italia fue la sede del segundo Mundial, para el cual se organizó un torneo clasificatorio con el fin de reducir el número de finalistas a dieciséis. Uruguay, aún resentido por la falta de equipos europeos en el Mundial de 1930, rehusó defender la Copa. Argentina, preocupada por el constante flujo de sus futbolistas – atraídos por grandes sumas de dinero – hacia la liga italiana, envió un equipo inferior para prevenir la pérdida de más jugadores.

Sólo equipos europeos pasaron a la segunda ronda. Italia, que estaba decidida a ganar, usó tácticas sucias cuando lo consideró necesario, especialmente contra España, a la cual derrotó 1–0 en un partido en el que 10 de los jugadores principales no participaron por lesiones. El árbitro suizo fue sancionado después del partido por su evidente favoritismo hacia los italianos.

En la semifinal, Italia derrotó a Austria, el equipo más culto del torneo, y en la final a Checoslovaquia en tiempo suplementario. En el segundo tiempo, un tiro extraordinario de Raimondo Orsi había conseguido el empate. Al día siguiente, ante los reporteros deportivos, Orsi trató de repetir su hazaña 20 veces sin lograrlo.

El éxito financiero de este Mundial contribuyó a que se estableciera la Copa Mundial de Futbol, pero su reputación sufrió un revés al ser usado por Mussolini para hacer propaganda fascista.

El autocrático entrenador italiano Victorio Pozzo con su equipo en 1934. Pozzo también los acompañó cuando triunfaron de nuevo en el Mundial de Francia en 1938.

TRES DÍAS ANTES del comienzo oficial del torneo, se jugó en Roma un partido clasificatorio adicional entre EE.UU. y México. Los EE.UU. ganaron 4–2 y los mexicanos tuvieron que hacer otro largo viaje de regreso a casa sin participar en la fase final. Poco después los EE.UU. sufrieron la misma suerte al perder 7–1 contra Italia.

FRANCIA 1938

En el Mundial de 1938, por primera vez, los campeones del torneo anterior y la nación anfitriona adquirieron el derecho de participar sin necesidad de clasificar. Una vez más, Uruguay decidió no participar, así como Argentina, que esperaba ser la sede del campeonato. Dieciséis países clasificaron bajo el espectro inminente de la Segunda Guerra Mundial, pero la anexión de Austria por parte de Alemania en 1938 significó el retiro del equipo austriaco, quedando así

sólo 15 equipos. La posición vacante le fue ofrecida a Inglaterra que se vanaglorió en no aceptar la invitación una vez más, a pesar de haber derrotado a Italia, el campeón mundial. Los alemanes se tomaron a los jugadores austriacos y la ausencia de estos últimos significó que Suecia no tuvo que jugar en la primera ronda; en la segunda ronda Alemania goleó a Cuba 8–0, ganando su lugar en las semifinales de la manera más fácil en la historia del Mundial.

Brasil representó una fuerte amenaza contra los europeos; su excelente centro delantero, Leonidas, el "diamante negro", anotó cuatro de los goles con que derrotaron a Polonia 6–5. Sin embargo, cometieron el error de dejarlo descansar en la semifinal cuando pensaban que derrotarían a Italia fácilmente; los italianos ganaron 2–1. En la final, bajo el liderato de Giuseppe Meazza, los agresivos italianos derrotaron a los habilidosos húngaros, dirigidos por Gyorgy Sarosi, por 4–2 , reteniendo así la Copa.

ANTES del partido inaugural contra Noruega en 1938, Vittorio Pozzo, director del equipo italiano, obligó a sus jugadores a hacer el saludo fascista y a mantenerlo hasta cuando cesó el torrente de vituperios provenientes del público.

BRASIL 1950

Para el Mundial de 1950, Brasil construyó un inmenso estadio, con capacidad para 200.000 espectadores, en las márgenes del río Maracaná. Los países británicos decidieron participar por primera vez; Inglaterra y Escocia clasificaron, pero Escocia al final decidió retirarse. Turquía también se retiró después de clasificar, dejando sólo catorce equipos. Francia decidió entonces tomar parte, pero se retiró más tarde junto con India, lo cual redujo el número de finalistas a trece. Italia defendió la Copa, a pesar de haber perdido ocho de sus jugadores en 1949, cuando se estrelló el avión en que viajaba el equipo Torino.

Este fue el Mundial sin una final. De cuatro grupos desiguales (4-4-3-2) salieron Brasil, España, Suecia y Uruguay para la siguiente fase. En el último grupo, los uruguayos sólo necesitaban derrotar a los bolivianos, lo cual consiguieron fácilmente por 8–0. Estos cuatro equipos jugaron un cuadrangular para decidir el campeón.

La actuación del equipo inglés fue desastrosa. En su segundo partido EE.UU. derrotó a Inglaterra por 1-0, resultado que causó tal vez la mayor desmoralización en la historia del Mundial. Brasil era el equipo favorito para ganar el torneo, con probabilidades de 10 a 1 en su favor. A sus jugadores se les prometieron bonos de $40.000 cada uno. El último partido fue en efecto una "final", porque Brasil, con cuatro puntos, y Uruguay con tres, eran los únicos posibles ganadores. Para ganar, Brasil sólo necesitaba un empate; seguros de su victoria, los brasileños tomaron la delantera en los primeros minutos del segundo tiempo, pero los uruguayos reaccionaron positivamente con dos goles ganando así el campeonato. Muchos de los espectadores, calculados en 205.000, un récord mundial, lloraron de frustración por tan inesperado resultado.

LOS BRASILEÑOS estaban tan seguros de la victoria que, antes de celebrarse el partido final del Mundial de 1950, compusieron una canción triunfal, la cual nunca se volvió a oír después de su derrota a manos de Uruguay.

El húngaro Nandor Hidegkuti marca de cabezazo contra Uruguay en la gloriosa semifinal de 1954.

SUIZA 1954

En 1954 hubo 16 participantes, muchos goles, pero también muchos incidentes desagradables. Los dos mejores equipos de cada uno de los cuatro grupos participaron en un torneo eliminatorio. Hungría, el equipo más renombrado de esta época, consiguió 17 goles en dos partidos, incluyendo la derrota de Alemania Occidental por 8–3. Para este partido los alemanes no seleccionaron los mejores jugadores porque, queriendo asegurarse de pasar a los cuartos de final, reservaron la mejor escuadra para su segundo encuentro con Turquía. Uno de los partidos más notables de los cuartos de final fue "la batalla de Berna" en el que Hungría se enfrentó a Brasil, no sólo en el campo de futbol, sino también en los vestidores después del partido. En este Mundial también se produjo el mayor número de goles de todas las finales en el partido entre Austria y Suiza que terminó 7–5.

Hungría derrotó a Brasil 4–2 en los cuartos de final. En la semifinal los húngaros no contaron con Puskas por haber sido lesionado, pero aún así derrotaron a Uruguay 4–2 en tiempo suplementario en un partido clásico. Por esta razón los húngaros estaban muy confiados de derrotar a Alemania en la final. Puskas fue llamado a jugar a última hora cuando aún no se había recuperado completamente de sus lesiones. Hungría tomó la delantera 2–0 después de sólo ocho minutos, pero Alemania puso un fuerte ataque que produjo la victoria 3–2.

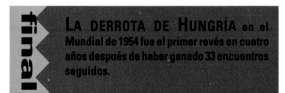

LA DERROTA DE HUNGRÍA en el Mundial de 1954 fue el primer revés en cuatro años después de haber ganado 33 encuentros seguidos.

SUECIA 1958

Italia y Uruguay, ganadores de dos Mundiales cada uno, no clasificaron para las finales de 1958. Debido a la invasión de Hungría por parte de la Unión Soviética en 1956, los mejores jugadores húngaros, quienes residían en el exterior, no pudieron regresar a formar parte de su escuadra nacional. La Unión Soviética participó por primera vez y consiguió llegar hasta los cuartos de final. El equipo inglés había perdido la mayoría de sus jugadores en el accidente aéreo de Munich

en el que murieron varios de los jugadores del famoso equipo Manchester United. En 1958 por primera vez los partidos del Mundial se transmitieron por televisión a una audiencia internacional. Los equipos que pasaron a los cuartos de final participaron en un minitorneo eliminatorio del cual salieron los dos equipos que se enfrentarían en la final, Suecia –el anfitrión– y Brasil, el favorito. Brasil había obtenido una tremenda victoria contra Francia 5–2 en las semifinales. El francés Just Fontaine, ayudado por el diestro Raymond Kopa, estableció el increíble récord mundial de 13 goles, cuatro de los cuales fueron anotados durante el partido por la tercera posición contra Alemania Occidental.

Los suecos, que mostraron mucha habilidad en la semifinal y la final, no lograron igualar a los brasileños, quienes los derrotaron 5–2. La estrella de este Mundial fue Pelé, quien apenas contaba con 17 años. En la final contra Suecia Pelé marcó dos goles, el primero de los cuales fue un ejemplo de maestría y destreza: con su espalda hacia el arco enemigo, Pelé recibió el balón con el pecho, lo bajó protegiéndolo con la parte interna del pie, dio la vuelta y al mismo tiempo elevó el balón por encima de la cabeza del defensor que lo estaba marcando, se escurrió por el lado de éste y marcó un gol de volea sensacional.

HARRY GREGG, el portero de Irlanda del Norte, quien sobrevivió el desastre aéreo de Munich, viajó a Suecia en barco y estaba tan acongojado que tuvo que dormir en la habitación del entrenador durante todo el torneo.

El sueco Hamrin burla a Santos en la final de 1958.

Brasil se congració con los espectadores en el Estadio Nacional al desfilar con la bandera chilena después de derrotar a los anfitriones 4–2 en la semifinal de 1962.

 GOAL!

INGLATERRA 1966

El Mundial de 1966 se celebró en la cuna del futbol con la participación de 16 equipos. La eliminación temprana de Brasil y el retiro de Pelé (lesionado inicialmente en el partido contra Bulgaria y finalmente rematado en el partido contra Portugal) ocasionaron la mayor sensación de este Mundial. El equipo italiano también sufrió una derrota sorpresiva 1–0 a manos de Corea del Norte, la cual causó el mal recibimiento de los jugadores a su regreso a Italia. En los cuartos de final, Corea del Norte continuó causando sorpresas al tomar la iniciativa contra Portugal 3–0, pero los portugueses se recuperaron y ganaron 5–3, gracias a Eusebio, la estrella del torneo, quien consiguió anotar cuatro goles. En el partido de cuartos de final entre Inglaterra y Argentina hubo un serio incidente cuando Antonio Rattin, el capitán argentino, fue expulsado y fue necesario parar el juego durante ocho minutos mientras la policía lo persuadía de que cumpliera la sanción.

En la semifinal entre Inglaterra y Portugal, Bobby Charlton anotó dos goles en una atmósfera altamente deportiva en la cual hasta los portugueses aplaudieron. La final entre Inglaterra y Alemania Occidental necesitó tiempo suplementario; el gol de Hurst, que le permitió a Inglaterra recuperar la delantera, ocasionó mucha polémica cuando los alemanes se quejaron de que el balón no había cruzado la línea. Un poco más tarde Hurst anotó su tercer gol, sellando así la victoria inglesa. Hurst es el único jugador que ha anotado tres goles en una final hasta la fecha.

CHILE 1962

A Chile se le concedió la sede del Mundial de 1962 a raíz de los terribles terremotos que causaron inmensa destrucción y muerte. Se construyeron dos excelentes estadios, pero – dadas las circunstancias– la organización no estuvo a la altura de un Mundial. Las críticas de los periodistas italianos sembraron las semillas de la discordia entre los dos países, y cuando sus equipos se enfrentaron en la semifinal, el encuentro se convirtió en la "Batalla de Santiago". Un jugador italiano recibió un golpe que le rompió la nariz, otros dos fueron expulsados y el árbitro estuvo a punto de suspender el partido. Chile ganó 2–0 y terminó en tercera posición.

Pelé resultó lesionado después de sólo un partido y no pudo volver a jugar en el torneo; Garrincha, por su parte, tuvo un desempeño excelente y logró inspirar a la selección brasileña hasta tal punto que resultaron invictos. Checoslovaquia y Brasil se enfrentaron en la final y aunque los checos abrieron el marcador, los brasileños triunfaron 3–1, ganando la Copa por segunda vez.

WorldCup USA94

final GARRINCHA, la estrella de Brasil en 1962, tenía una extraña forma de correr debido a que había nacido con una curvatura anormal de la columna vertebral, caderes deformes y una pierna más corta que la otra. Se pensó que nunca podría caminar. Cuando era niño, cazaba unos pajaritos llamados "garrinchas", de donde se deriva su nombre.

final UN POCO ANTES del Mundial de 1966, la Copa Jules Rimet desapareció de la vitrina de una tienda filatélica en Londres. Una semana después fue encontrada en un jardín por un perro, Pickles, cuando iba de paseo con su amo.

El capitán inglés Bobby Moore, rodeado por sus compañeros, levanta la Copa Jules Rimet después de la victoria inglesa contra Alemania. Geoff Hurst, marcador de tres goles, sostiene su pierna derecha.

MEXICO 1970

La FIFA escogió a México como la sede del Mundial de 1970 en preferencia a Argentina, cuya economía no estaba muy estable. Argentina al fin no logró clasificar. Corea del Norte fue expulsada de las eliminatorias por rehusar jugar contra Israel.

El Mundial de 1970 fue uno de los más memorables. Inglaterra y Brasil, que se encontraban en el pináculo de sus carreras futbolísticas, se enfrentaron en la primera ronda en un partido en el que Pelé, recobrado de sus lesiones, se enfrentó a Bobby Moore, el mejor defensa del mundo en esa época. Gordon Banks, el portero inglés, se hizo célebre por neutralizar un tremendo cabezazo de Pelé, pero aún así Brasil ganó por 1–0. Hubo otros partidos excelentes, especialmente el encuentro entre Italia y Alemania Occidental en la semifinal que terminó 4–3 a favor de Italia. El rey del Mundial fue definitivamente Pelé, quien usó su magia todo el tiempo pero especialmente durante los partidos contra Checoslovaquia y Uruguay, aunque sin conseguir marcar goles. Pelé sí logró anotar en la final y su compañero de equipo Jairzinho estableció un récord mundial al marcar goles en cada partido.

final — **DESPUÉS** de su tercer triunfo en 1970, a Brasil se le otorgó para siempre la Copa Jules Rimet. Desafortunadamente poco tiempo después la Copa desapareció. La FIFA mandó a hacer una nueva copa, a la que se le dio el nombre de la "Copa del Mundo".

Los holandeses Arie Haan (2) y Willem Jansen y los alemanes Bernd Holzenbein y Wolfgang Overath (12) en batalla por el balón en el estadio olímpico de Munich en la final de 1974.

Carlos Alberto al ataque en la final de 1970.

> **❝ Pelé es para el futbol lo que Shakespeare es para la literatura inglesa. ❞**
>
> **JOAO SALDANHA, antiguo director de Brasil.**

ALEMANIA 1974

Un aspecto muy importante de este Mundial fue la seguridad de los jugadores debido a que dos años antes los Juegos Olímpicos habían sido testigos de la muerte de 11 atletas israelíes. Muchos de los países europeos de gran tradición futbolística no clasificaron; esto puso un interrogante en el éxito del nuevo formato de la fase eliminatoria. Por ser ahora un torneo regional, países futbolísticamente débiles como Israel, Haití y Zaire lograron clasificar.

El torneo fue dominado por el país anfitrión, Alemania Occidental, y Holanda, bajo el liderato de Franz Beckenbauer y Johann Cruyff, respectivamente. Las dos Alemanias se encontraron frente a frente por primera vez en un Mundial, y Alemania Oriental causó gran sorpresa y sensación con su victoria por 1–0.

En esta ocasión se introdujo un cambio en la estructura del torneo: los ocho equipos que clasificaron después de la primera fase jugaron en otros dos grupos de cuatro. Los ganadores de cada uno de estos grupos se enfrentarían en la final. Holanda era el equipo favorito para ganar el trofeo, pero en la final los alemanes se recuperaron de un gol concedido en el primer minuto y ganaron finalmente por 2–1.

final — **EL HOLANDÉS NEESKENS** marcó el primer gol de la final de 1974 por penalti debido a una falta cometida contra Cruyff en los primeros minutos del partido antes de que los alemanes hubieran tocado el balón. Más tarde los alemanes marcaron el gol decisivo también por penalti.

ARGENTINA 1978

En 1978, cuando el número de países participantes en las eliminatorias llegó por primera vez a cien, Argentina por fin alcanzó su ambición de ser la sede del Mundial. Esta decisión de la FIFA no fue muy bien recibida por la comunidad internacional debido al negativo récord del régimen militar argentino. Estas circunstancias generaron un aire de tensión durante todo el campeonato. El formato fue el mismo que en 1974. Holanda, sin Cruyff, quien no quiso viajar a Argentina, ganó convincentemente en la segunda ronda para llegar a la semifinal. Los brasileños no estaban muy contentos que a Argentina —su rival en la segunda ronda— se le hubiera permitido obtener una ventaja al jugar los últimos partidos más tarde que Brasil, ya que esto les permitió a los argentinos saber exactamente lo que tenían que hacer para ganar en su grupo: derrotar a Perú por cuatro goles de diferencia. Los argentinos ganaron por 6–0.

La final fue un partido sucio, lleno de faltas, pero emocionante: en el último minuto, cuando el marcador era 1–1, un tiro del holandés Rob Rensenbrink golpeó el poste robándole la victoria a Holanda. El partido se extendió a tiempo adicional durante el cual Argentina marcó otros dos goles.

El holandés Arie Haan y el argentino Américo Gallego se disputan el balón en la ardua y emocionante final de 1978, que terminó en el triunfo de Argentina por 3–1.

RAMÓN QUIROGA, el guardameta peruano que concedió seis goles en el partido contra Argentina, era en realidad argentino de nacimiento. Después del partido, "el loco" (como se le apodaba por su extraña manera de actuar) publicó una carta en la que defendió su actuación en el partido.

ESPAÑA 1982

En el Mundial de 1982 participaron 24 países en vez de 16, que fueron organizados en 6 grupos de 4 equipos en la primera ronda. Los dos mejores de cada grupo pasaron a la segunda ronda a formar 4 grupos de 3 equipos cada uno. Los ganadores de cada grupo pasarían a la semifinal. Inglaterra fue eliminada a pesar de no haber perdido un solo partido, mientras que Alemania Occidental llegó a la final después de perder con Argelia por 2–1.

La programación de los partidos dejó mucho que desear. Antes de que Alemania y Austria jugaran el último partido de la primera ronda ya se sabía que si los alemanes ganaban 1–0 ambos equipos pasarían a la segunda ronda en detrimento de los argelinos. Cuando el resultado fue en efecto 1–0, hubo muchas críticas y manifestaciones de protesta.

WorldCup USA94

KICK!

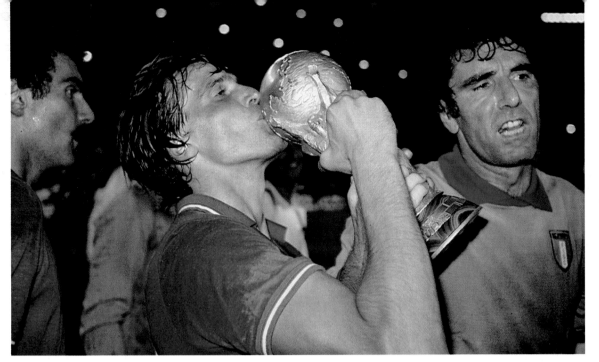

Marco Tardelli, cuyo gol contribuyó a la victoria italiana en el Mundial de 1982, besa la Copa. Dino Zoff, el guardameta italiano, aparece a la derecha.

El guardameta alemán también se vio implicado en un desagradable incidente en la semifinal cuando acometió violentamente a un delantero francés sin recibir sanción alguna. El partido requirió tiempo de prórroga durante el cual los alemanes, después de ir perdiendo 3–1, empataron y ganaron el campeonato en una decisión por penaltis. Italia demostró el mejor futbol del campeonato, especialmente al derrotar a Brasil en la segunda ronda y en la final, cuando venció a Alemania 3–1.

la decisión de aceptar el gol de Maradona (con "la mano de Dios") en el partido contra Inglaterra. Sin embargo, Maradona, muy prominente en el campeonato, consiguió marcar otros cuatro goles legítimos, tres de los cuales fueron excepcionales. El partido entre Francia y Brasil, ganado por los franceses, fue el mejor del torneo, pero en la semifinal los alemanes los derrotaron. En la final, Argentina perdió una ventaja de dos goles contra Alemania, pero logró finalmente ganar por 3–2.

DESPUÉS de ir ganando 3–1 contra Kuwait, Francia marcó su cuarto gol cuando los kuwatíes pararon de jugar al oír un pitazo proveniente de las graderías. Cuando el árbitro declaró válido el gol, el presidente de la asociación kuwaití de futbol, el príncipe Fahid, ocupó el terreno de juego en protesta. Cuando los kuwatíes abandonaron el juego, el árbitro cambió su decisión, ante lo cual los franceses protestaron. El juego estuvo suspendido por ocho minutos. Francia, sin embargo, marcó otro gol, esta vez legítimo.

final

DE 1986 EN ADELANTE, la decisión por penaltis ha jugado un papel importante en el Mundial. Tres de los cuatro cuartos de final en 1986 se decidieron de esta manera.

Un reto en la final de 1986: Maradona es abatido por los alemanes Karl-Heinz Förster y Harald Schumacher.

MEXICO 1986

Cuando Colombia declinó ser la sede del Mundial de 1986, México aceptó la oferta, convirtiéndose así en anfitrión por segunda vez. Desafortunadamente en 1985 un terrible terremoto devastó de tal manera el sistema de comunicaciones que México no alcanzó a volver a una normalidad completa a tiempo para el Mundial. El formato se cambió una vez más: los 24 equipos que clasificaron fueron divididos en 6 grupos, de los cuales los dos mejores de cada grupo junto con los cuatro mejores en tercera posición, un total de 16 equipos, pasaron a la fase siguiente, que fue eliminatoria. Esto evitó que un equipo invicto pudiera ser eliminado sin haber perdido un partido, como le ocurrió a Inglaterra en 1982.

El mal arbitraje estropeó el torneo. El peor ejemplo fue

derrotando a Argentina 1–0 y Roger Milla, de 38 años de edad, se convirtió en una de las figuras memorables del campeonato.

El mejor partido fue la semifinal entre Alemania e Inglaterra, la cual se decidió por penaltis. En la otra semifinal, Argentina derrotó a Italia también por penaltis, después de haber ganado los cuartos de final de la misma manera. Durante la final, dos argentinos fueron los primeros jugadores expulsados en una final del Mundial, y Alemania ganó 1–0 por un penalti. Esto causó protestas porque el penalti fue conferido por una falta muy parecida a la cometida un poco antes por un alemán, y la cual no fue sancionada.

ITALIA 1990

Italia fue el segundo país después de México que obtuvo la sede del Mundial por segunda vez. Sin embargo, a pesar de muchos esfuerzos, el torneo no fue lo que se esperaba. No tomaron parte equipos excepcionales; muchos jugadores usaron fuerza más que destreza y 16 fueron expulsados. Curiosamente ocho de estas expulsiones ocurrieron en partidos jugados por Argentina.

El equipo de Camerún sentó la pauta al ser expulsados dos de sus jugadores en el primer partido. Camerún terminó

final

LOS PARTIDOS del Mundial de 1990 fueron vistos por un total acumulado de 26.000 millones de personas alrededor del mundo. Cada uno de los patrocinadores principales pagó un total de 20 millones de dólares por el derecho de poner su nombre en las pantallas de televisión durante un mes.

ARRIBA IZQUIERDA *Los jugadores de Camerún celebran un gol en el partido contra Colombia en la 2ª ronda.*
ABAJO *Lothar Matthäus, el capitán alemán, orgulloso levanta la Copa con la ayuda de sus compañeros.*

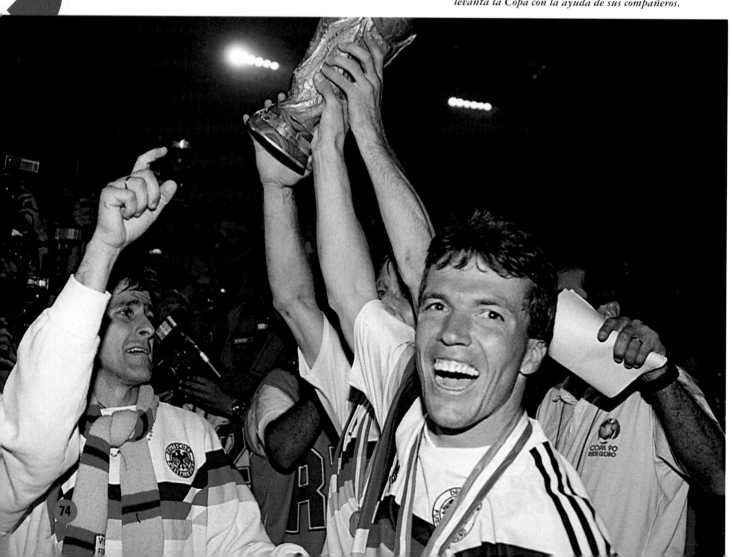

Resumen del Mundial

Año	Sede	Final	Total de partidos	Total de goles	Goles por partido
1930	Uruguay	Uruguay 4, Argentina 2	18	70	3.89
1934	Italia	Italia 2, Checoslovaquia 1	17	70	4.12
1938	Francia	Italia 4, Hungría 2	18	84	4.67
1950	Brasil	Uruguay 2, Brasil 1*	22	88	4.00
1954	Suiza	Alemania Occ. 3, Hungría 2	26	140	5.38
1958	Suecia	Brasil 5, Suecia 2	35	126	3.60
1962	Chile	Brasil 3, Checoslovaquia 1	32	89	2.78
1966	Inglaterra	Inglaterra 4, Alemania Occ. 2	32	89	2.78
1970	México	Brasil 4, Italia 1	32	95	2.97
1974	Alemania Occ.	Alemania Occ. 2, Holanda 1	38	97	2.55
1978	Argentina	Argentina 3, Holanda 1	38	102	2.68
1982	España	Italia 3, Alemania Occ. 1	52	146+	2.81
1986	México	Argentina 3, Alemania Occ. 2	52	132+	2.54
1990	Italia	Alemania Occ. 1, Argentina 0	52	115+	2.21

* Partido final de grupo (véase el texto)

+ No incluye decisiones por penaltis.

RESUMEN DE LAS REGLAS Y TACTICAS DEL FUTBOL

El futbol es un juego muy sencillo, lo cual en parte explica por qué es el deporte más popular del mundo. Las reglas, sin embargo, pueden ser complicadas y depender de la interpretación del árbitro. Muy pocos partidos en el Mundial han pasado sin causar polémicas entre los fanáticos por un incidente u otro durante el encuentro.

GLOSARIO DE LOS TÉRMINOS MÁS COMUNES DE LA JERGA FUTBOLÍSTICA

Los comentaristas y críticos del balompié utilizan muchas expresiones, cuyo significado no es necesariamente obvio. A continuación siguen algunas de ellas:

EL PASE HACIA ATRAS Las reglas actuales de la FIFA no permiten que el portero toque el balón con las manos cuando lo ha recibido a consecuencia de un pase intencional por uno de sus compañeros de equipo. El portero, por otra parte, no comete falta cuando el balón le llega a las manos como consecuencia de un cabezazo, un toque con el pecho, un saque de banda o cuando es el producto de un golpe accidental por parte de uno de sus compañeros. En estos casos, cuando los comentaristas se preguntan si una jugada "fue un pase hacia atrás", la respuesta depende de si el pase fue intencional o no.

LA TARJETA AMARILLA Cuando un jugador es amonestado por juego sucio, el árbitro toma nota de su nombre y le muestra una tarjeta amarilla.

EL TIRO (LIBRE) DIRECTO Es aquel en el cual un jugador puede marcar un gol por un disparo a la portería sin la intervención de un tercero. Un tiro indirecto es aquel en que el balón tiene que ser tocado por otro jugador —amigo o enemigo — para que el gol sea válido. El árbitro indica un tiro indirecto levantando el brazo por encima de la cabeza.

EL TIEMPO ADICIONAL/SUPLEMENTARIO/DE PRÓRROGA Son los 30 minutos extra que se juegan cuando el tiempo reglamentario (90 minutos) termina empatado. No se debe confundir con el 'tiempo de ajuste' que son los minutos que los árbitros agregan al tiempo reglamentario para compensar por interrupciones en el juego debido a lesiones u otros factores.

EL UN-DOS VÉASE LA PARED

LA FALTA (FOUL) PROFESIONAL Una falta cometida deliberadamente contra un jugador adversario que tiene buenas probabilidades de marcar un gol. Para compensar por la oportunidad perdida, el árbitro debe no sólo otorgar un tiro libre al equipo contrario, sino también expulsar al jugador que cometió la falta.

EL PASE LATERAL Un pase perpendicular a la dirección de las bandas del terreno de juego. Un pase a lo largo de estas bandas y a larga distancia es un *pase largo*.

EL HOMBRE POSTE Es un delantero o artillero encargado de recibir pases largos y altos con el objeto de pasar el balón a otros compañeros o de conservarlo hasta cuando sus compañeros vengan a ayudaro.

LA PARED Cuando un jugador le pasa el balón a uno de sus compañeros y éste *se* lo devuelve inmediatamente al primer jugador de tal manera que le permita burlar a un jugador enemigo; el primer jugador en efecto usa a su compañero como una *pared* contra la que hace rebotar el balón.

El fuera de lugar (Off-side)

Un cambio en esta regla le concedió a los atacantes una ventaja que no habían tenido durante 65 años. Anteriormente un jugador no cometía fuera de lugar si, al ser jugado el balón, había por lo menos dos jugadores contrarios entre él y la línea de gol enemiga. Ahora sólo es necesario que el jugador no esté más cerca de la línea de gol que al menos dos contrincantes, uno de los cuales puede ser el portero. Antes se cometía fuera de lugar cuando el atacante estaba alineado con el último defensor; ahora esta posición es válida.

Hay otros criterios para decidir si se comete fuera de lugar en una posición determinada, pero es la expresión "cuando se pasa el balón" lo que ocasiona más polémica. Si un jugador está en una posición legítima cuando uno de sus compañeros le hace un pase, no comete fuera de lugar - aun si, mientras recibe el pase, corre más allá de los defensores a una posición que normalmente sería sancionada. El juez de línea tiene por lo tanto la difícil tarea de observar la posición relativa de los jugadores y al mismo tiempo seguir la trayectoria del balón, lo cual puede ser a una distancia de hasta 45 m. Por esta razón no es sorprendente que cuando se miran las jugadas en cámara lenta se puedan notar los errores cometidos por los jueces de línea y que en todos los Mundiales haya habido disputas a causa de decisiones relacionadas con estas faltas.

El futbol es un juego continuo y nunca se ha prestado a la práctica común en el futbol americano, el cual permite, debido a las frecuentes pausas en el juego, que las jugadas y las decisiones sean evaluadas independientemente por medio de grabaciones de video. En el futbol las malas decisiones se aceptan como parte del juego.

Tarjetas rojas y amarillas

Un jugador puede ser expulsado del terreno de juego por una infracción grave de las reglas del juego; el árbitro indica su decisión mostrándoles al jugador y al público una tarjeta roja. Si la falta, aunque grave, no merece la expulsión, el árbitro amonestará al jugador y para esto utilizará una tarjeta amarilla. Si este mismo jugador comete otra falta grave durante el partido, el árbitro indicará su expulsión por medio de una tarjeta amarilla seguida de una roja. En todas la fases del Campeonato Mundial de Futbol, si un jugador es expulsado o si es sancionado con dos tarjetas amarillas, pierde el derecho a jugar el siguiente partido. La decisión de si una jugada constituye juego sucio que merece sanción o no, depende del árbitro; con frecuencia estas decisiones difieren de lo observado por el público y llevan a interminables polémicas, la más famosa de las cuales ocurrió durante un partido entre Francia y Alemania en la semifinal del Mundial de 1982, cuando Schumacher se chocó con un jugador francés causándole una lesión seria. Muchos opinaron que el árbitro debería haber expulsado a Schumacher, pero éste no fue sancionado ni siquiera con un tiro libre.

La falta (el foul) profesional

Un jugador comete una falta

profesional cuando en forma deliberada y premeditada ataca a un contrincante cuando este último está en una posición ventajosa en la que tiene buenas posibilidades de marcar un gol. Se llamó falta "profesional" porque hasta hace poco era un riesgo aceptable: el tiro libre o el penalti con que se sancionaba se consideraba justo comparado con la certeza de un gol en contra. (Además, dado que la mayoría de las faltas 'profesionales' se cometen fuera del área, el peligro de conceder un penalti era mínimo). Con el propósito de reducir la frecuencia con que se cometen faltas profesionales, La FIFA recientemente decretó que éstas se deben sancionar con la expulsión.

Desafortunadamente muchos árbitros no han sido capaces de aplicar estas reglas de una manera consistente. Algunos son muy estrictos y expulsan jugadores por faltas accidentales, mientras que otros se muestran reacios a sancionar a un jugador con la expulsión cuando éste comete la primera falta. Una ilustración gráfica de esto ocurrió en 1993 en Rotterdam durante el encuentro clasificatorio para el Mundial de 1994 entre Inglaterra y Holanda: el holandés Ronald Koeman cometió una seria infracción contra el inglés David Platt cuando este último estaba en una posición ventajosa, un ejemplo claro de foul profesional. Koeman permaneció en el terreno de juego y fue quien más tarde marcó el gol decisivo. Después del partido, la FIFA sancionó al árbitro con su exclusión del resto del Campeonato.

Decisiones por penaltis

En el Mundial de 1994, los 16 equipos que pasen a la segunda ronda entrarán en un torneo eliminatorio en el cual sólo los 8 ganadores pasarán a la siguiente fase. En otras palabras, cada partido debe producir un ganador. Si al final del tiempo reglamentario esto no se ha conseguido, se jugarán 30 minutos adicionales; si al final de este tiempo de prórroga el partido continúa empatado, los equipos tomarán parte en una decisión por penaltis, en la cual cada equipo escoge 5 jugadores para que ejecuten penaltis alternos y así decidir el ganador. El partido termina cuando uno de los dos equipos obtiene una ventaja que el equipo contrario no puede igualar. Si después de los 10 penaltis el partido permanece empatado, los otros jugadores continúan el proceso hasta cuando uno de los dos equipos es eliminado por "muerte súbita" (cuando un

El árbitro usa la tarjeta roja en el Mundial de 1990.

FIG 1: LA ALINEACIÓN TRADICIONAL

TÁCTICAS

Las tácticas futbolísticas no son tan complicadas como las de otros deportes. La alineación tradicional usada a finales del siglo pasado (la pirámide) consistía en dos defensores traseros, tres jugadores en la línea media y cinco en la línea de ataque (Fig. 1). En 1925 un cambio en las reglas determinó que para evitar el fuera de lugar (off-side) se necesitaba que hubiera sólo dos jugadores y no tres entre el atacante y la portería enemiga. Esto produjo una racha de veloces centrodelanteros, goleadores prolíficos y el desarrollo de las técnicas del cabezazo. El mediocampista centro se bajó a nivel con los otros dos defensas. El medio campo fue la siguiente área del terreno de juego en desarrollarse. Los dos delanteros interiores se atrasaron para convertirse en

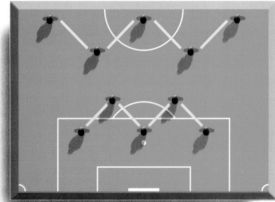

FIG 2: LA ALINEACIÓN "WM"

centrocampistas de ataque, mientras que los dos centrocampistas se convirtieron en "cazadores de balones". Esta alineación se denominó "WM" (Fig.2)

ALINEACIÓN POR NÚMEROS

La escuadra brasileña que ganó el Mundial de 1958 introdujo los sistemas de alineación por números. En esta ocasión

FIG 3: EL SISTEMA 4-2-4

usaron el sistema 4-2-4 con Zagallo, Garrincha, Pelé y Vavá en la delantera, cuatro defensas y dos mediocampistas haciendo de puente entre estos dos grupos (Fig. 3)

Los brasileños mejoraron gradualmente esta alineación e introdujeron el sistema 4-3-3, en el cual los defensas juegan parcialmente como mediocampistas y pueden convertirse en atacantes. El último gol de Brasil (y tal vez el más emocionante) en el Mundial de 1970 fue marcado por el defensa Carlos Alberto en un avance por el ala derecha.

ALINEACIÓN DEFENSIVA

Los italianos, expertos en las alineaciones defensivas, desarrollaron el sistema que deja a un jugador libre detrás

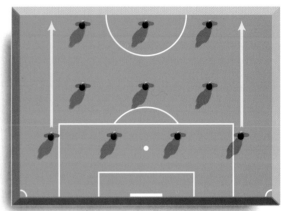

FIG 4: EL SISTEMA 4-3-3

de la línea defensiva (el líbero), encargado de atacar a cualquier delantero que burle a los otros defensas y de interceptar los pases frente a la portería (Fig. 5). Es posible que muchos equipos usen esta alineación en el Mundial de 1994, pero muy pocos lo saben utilizar tan efectivamente como los italianos.

LA MARCACIÓN

Mientras que el papel de los delanteros es burlar a los defensas

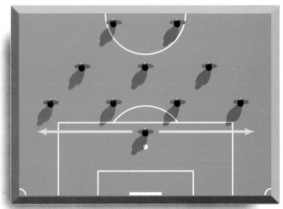

FIG 5: EL SISTEMA 1-4-3-2 (CON LÍBERO)

y así marcar goles usando su imaginación, velocidad y destrezas, los defensas tienen que neutralizar los ataques siendo disciplinados en el uso de un sistema defensivo y ayudándose los unos a los otros.

Los dos sistemas principales de defensa son la marcación personal y la marcación zonal. El primero consiste en que cada defensor está encargado de un delantero específico todo el tiempo. En este sistema, el líbero desempeña la importante función de cubrir el área entre sus colegas en la defensa y el guardameta. El otro sistema es la marcación zonal, en la cual los defensores son responsables por áreas específicas del terreno de juego, sin importar cuál atacante penetra esta área.

WorldCup USA94

JUGADAS PLANEADAS

Las jugadas planeadas son movimientos en el terreno de juego, como tiros de esquina (corners) y penaltis, planeados y practicados de antemano para sorprender al equipo contrario. Los dos ejemplos a continuación tomados del Mundial de 1990 ilustran cómo estas jugadas se pueden utilizar con gran efectividad.

Un tiro de esquina al poste más cercano (Fig. 6) le permitió al escocés Stuart McCall marcar un gol en el partido contra Suecia en la primera ronda. Robert Reck cobró el corner con gran exactitud y con la trayectoria esperada (1); uno de sus compañeros, situado al lado del poste más cercano (2), la cabecea levemente para servírsela a McCall (3), quien consigue un efectivo disparo a velocidad. Cuando esta jugada se ejecuta efectivamente, aunque no es muy sofisticada, es muy difícil de defender.

Los tiros libres directos alrededor del área siempre representan una amenaza para la oposición. En la Fig. 7, el español Michel (2) marca su segundo gol contra Corea del Sur curvando su tiro alrededor de la barrera coreana (2) y con la ayuda de uno de sus compañeros (3), quien se agacha en el momento preciso.

EL JUEGO TÁCTICO ABIERTO

Una de las jugadas clásicas para abrir la defensa es "la pared", usada efectivamente en el partido de la segunda ronda entre Colombia y Camerún (Fig. 8). Carlos Valderrama toma posesión del balón (1a), intercambia pases con un compañero dos veces (2a, 1b,1c y 2b) y finalmente Redin (2c) marca un gol a boca de jarro.

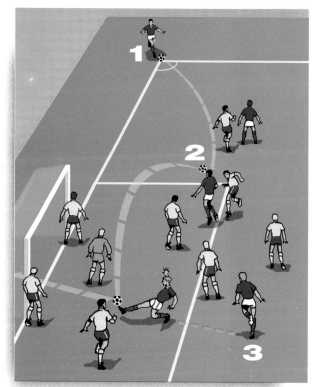

FIG 6: EL TIRO DE ESQUINA AL POSTE MÁS CERCANO

FIG 7: EL TIRO (LIBRE) DIRECTO

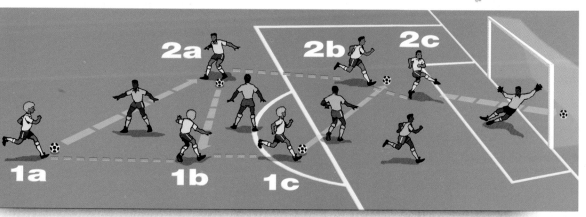

FIG 8: LA PARED

Striker da la partida...

Los banderines se han dado y recibido, la moneda se ha tirado y los lados del campo de futbol se han escogido...¡Que comience el Mundial!

WorldCup USA94

AGRADECIMIENTOS
El autor quiere agradecer a John Boteler y a Mike Dennis por su ayuda con el texto, a Keir Radnage por su investigación de los aspectos más intrincados del futbol internacional, a Sharon Hutton, Gina Wardrop y Elizabeth Bloodworth por las fotos y a Jon Lucas y Fiona Knowles por las ilustraciones.

Por permitir la reproducción de las fotografías en esta publicación, Collins Publishers San Francisco quiere agradecer a: **Action Images Sports Photography**; **Allsport**/Shaun Botterill/Clive Brunskill/David Cannon/Chris Cole/Mike Hewitt/Pascal Rondeau/Anton Want; **Colorsport**/Cesare Galimberti;Aldo Martinuzzi; **ISL Marketing Popperfoto Photographic Agency; Rex Features; Syndication International; Bob Thomas Sports Photography**/Clive Brunskill/Monte Fresco/Dave Joyner/Kjaerbye/Rogers/Mark Thompson; and **World Cup '94 Marketing International B.V.**